ルターの知的遺産

ルターの知的遺産

金子晴勇

知泉書館

はしがき

　ルターの知的な遺産は今日ワイマール版全集としてわたしたちの前にそそり立っている。それは実にフォリオ版で一巻ごとに 500 頁を超え，それが 100 冊を越える巨大なる著作群として保存されており，これを見て圧倒されないものがいるであろうか。このような量的に膨大な著作の中には筆記者の協力によって出版されたものも多くあるが，病気がちな彼の創造的な生産力は空前絶後である。しかも彼が著作を通して与え続けた影響たるや，ドイツやヨーロッパにとどまらず，全世界に及んでいる。ところがその影響の中身を検討してみると，宗教改革も政治的な出来事としてのみ扱われ，ルターが思想家であったことさえ，完全に見失われている。政治的な貢献から思想を計ることは昔からルターに関して行なわれてきた。その際には彼はせいぜい「信仰の英雄」としか考えられない。近代日本の宗教家内村鑑三でも，きわめて残念なことであるが，この観点からルターを主に考察しており，その思想内容に対する洞察力に欠けている。
　それに対しルター研究は戦後から今日に至るまでヨーロッパやアメリカのみならず，わが国においても飛躍的に高まってきた。戦後と言っても当初は概説的な研究から始まっており，やがてワイマール版にもとづく研究が日本でも翻訳とともに開始された。それも初めは神学的な研究が主に進められ，キリスト教会に対してのみ影響したに過ぎなかった。しかし神学的な研究と並んで，戦後導入されたヨーロッパにお

はしがき

ける実存的な視点による研究が興り、さらに人間学的な研究へと進み、狭い教会の枠を超えて、一般の人にも理解できる思想研究が開始するに至った。わたし自身はこのような歩みに則って実存的な研究から人間学的な研究に移っていった。では、その人間学的な研究はどのような成果をもたらしたのか。今や厳しく自己点検する時期をわたしは迎えている。それを考えると成果の貧寒さのみが感じられるのである。若いときに考え、かつ、期待していたよりも遥かに優る研究課題に直面することになって、研究と翻訳の仕事を次々に継続させ進展させることになった。この仕事は、事実、終わりがないものであるが、わたしたちの生涯は有限であり、自ずと仕事は終焉せざるを得ない。そこでこれまでの研究を回顧して、ルターが語った言葉を通して彼の優れた思想的な営みの姿を紹介し、それを彼が残した知的な遺産として今日どのように受容すべきかを考えてみたいと想うようになった。

　ヨーロッパの16世紀は精神史上でルネサンス時代に当り、精神の若返りの時代であって、人文主義運動の頂点に立つエラスムスは古典文化の復興者として多くの人々から賞讚され、その著作も広く読まれた。しかしエラスムスの書物は次第にその影響力を失い、今日では『痴愚神礼讃』と『対話集』に示されている人文主義者としての特質しか顧みられなくなった。しかしその研究は今日いっそう進展し、彼の人間学的な神学思想も顧みられるようになった。それと較べるとルターの影響は今日でも引き続き継続し、戦後になると大規模な著作集や研究書が内外において盛んに出版されるようになった。だが、こうした傾向もやがて衰微しはじめ、現代では時代の無神論とニヒリズムのあおりを受けて、その勢いは著しく低下している。しかしながら、このような精神史的な

はしがき

　影響が逆に働いて,新しい感覚をもって再度ルターの研究が開始されるようになって来ている。こうした新しい視点は,ルターにおける宗教的生命の豊かさと純粋さ,信仰の誠実さと勇気などがどの著作にも溢れんばかりに表出されていることからも明らかである。そのことは,時代の無神論と虚無主義が逆に作用して人為的でない真の宗教心を呼び覚まそうとしているといえよう。この種の宗教心は,今日,霊性によって新たに研究する視点を与えていると言えよう。

　事実,ヨーロッパの16世紀は宗教的生命が高揚した時代であり,古典復興のルネサンスにおいて人々は異教的形式を喜んだけれども,本質的には宗教的であった。この宗教的な生命はルターの個人的体験の深みにおいて経験され,それが爆発し,人々の心を揺り動かし浸透していったので,それは火山的性格ともいうべき特徴をもっている。地表の奥深く隠されたところに生き続けてきたマグマの力は,地殻がゆるみ弱体になってくると,そこを突き抜けて地上に噴出する。爆発的生命力は,最初すべての地表を焼き尽くし,周囲を灰燼に帰したが,やがて強固な地盤に立つ新山をつくりあげる。この活火山は,その威力と威容をもってあたりの山々を支配し君臨するが,やがて働きが止み静かになると,美観を備えてはくるが,やがて休火山として力を失い,終熄してしまう。それでも時折思い出したように小さな爆発を起こして自己の生命を顕示するも,休止状態が固定してくると死火山となってやがては外観も醜くなり,もろもろの山の一つに数えられるようになる。ルターに淵源する宗教改革の後に続くキリスト教の歩みはこのような経過を辿ってきたといえよう。ルターの宗教は活火山の姿そのものであったが,その後の教会の形姿は今日のわたしたちの目には死火山のような古ぼけ

た姿としてしか映ってこない。つまり，宗教改革時代の宗教的生命力は今日枯渇し，体験できない彼岸になっている。ディルタイはこの点に関し次のように語っている。

> 「わたし自身の自覚的生活において宗教的状態を体験する可能性は，たいていの現代人と同様に，わたしにとっても狭く限られている。しかしながら，わたしがルターの手紙や著作を通読するとき，わたしは爆発的な圧力と，生死を賭けるほどの力とをもった宗教的な出来事を体験するので，かかる出来事はわれわれの時代の人間にとっては，体験可能性の彼岸にあると感じるほどである。……そしてこの世界こそ，われわれの生きる地平を拡大し，これをほかにしてはわれわれの近づき得ない人間生活の可能性を示してくれる」[1]。

ディルタイは精神史家としてルターの出来事を追体験し理解しようと試みている。そこには歴史的生の豊かさが発見されているにしても，今日，ルターの遺産を直接受容する問題は回避されている。

確かにルターは西欧キリスト教会の改革者であるが，その影響は単にキリスト教会にのみ及んだのではない。歴史的には彼は教会の改革者ではあっても，教会の内部にのみ彼の思想を制限することはできない。彼の宗教とその意義は教会という制度を遥かに越えて人間自身にまで及んでいる。また，彼の思想はいわゆる信仰義認の教義体系の中にのみ求められ

---

1) 細谷恒夫訳『歴史的理性批判』（ディルタイ著作集 第4巻）創元社，1946年，246頁（一部改訳）。

はしがき

てはならない。この教義の純粋さと客観性を彼は神の言葉のなかに求めたが，神の言葉は彼にとって人間自身に向かって発せられた「語られた言葉」なのであって，それは生ける実在として感得されたのである。したがってルターの思想を人間の生ける現実から切り離して論じてはならない。ここにわたしが志した人間学的な研究の意義があると想われる。こうして教会の枠を乗り越えて直にルターを受容する道が開かれてくる。そのように受容することができる内容を彼の思想は十分に備えていると思う。そうは言っても彼の言葉を引用しただけでは理解するのに困難な事情もあるので，わたしは彼の言葉に短い解説を付けておいた。それによってルターに対する読者の理解がいっそう深まることを願っている。

目　次

はしがき………………………………………………………………ⅴ

1　「われ，ここに，立つ」——世界史的転換を呼び起こした言葉………………………………………………………3
2　「わたしは修道士になります」……………………………7
3　塔の体験と認識の開眼………………………………………11
4　免罪符と改革の開始…………………………………………15
5　新しい神学の提示……………………………………………19
6　ハイデルベルク討論「第一三命題」………………………23
7　ヴァルトブルク城での仕事…………………………………27
8　自由意志論争…………………………………………………31
9　ドイツ農民戦争………………………………………………35
10　最後の言葉「神の乞食」……………………………………39
11　「義人にして同時に罪人」…………………………………43
12　思想世界の構造………………………………………………47
13　キリスト者の自由の真義……………………………………51
14　スコラ神学との対決と超克…………………………………55
15　思弁的神秘主義との対決……………………………………59
16　キリスト神秘主義……………………………………………63
17　信仰義認論……………………………………………………67
18　義認と聖化の問題……………………………………………71
19　憂愁と悲嘆の意義……………………………………………75

目　次

20　神学の方法 …………………………………… 79
21　人間学の三分法 ……………………………… 83
22　宗教心としての霊性 ………………………… 87
23　「超過」の霊性論理 ………………………… 91
24　無から創造する神 …………………………… 95
25　神学における人間学の意義 ………………… 99
26　生と死について ……………………………… 103
27　キリストの花嫁としての教会 ……………… 107
28　神とサタンの争奪戦 ………………………… 111
29　「神に逆らって神に逃れる」………………… 115
30　宗教改革と説教 ……………………………… 119
31　ルターの職業観 ……………………………… 123
32　教育改革者ルター …………………………… 127
33　試練による神の教育 ………………………… 131
34　親鸞とルター──東西恩寵宗教の比較考察 ……… 135
35　ルターと内村鑑三 …………………………… 139

あとがき ……………………………………………143
本書で使用した文献：原典の全集と著作集および邦訳 ……146
「解説」を書くにあたって使用した自著一覧 ……………147
ルター略年譜 ………………………………………149

ルターの知的遺産

1
「われ，ここに，立つ」
―― 世界史的転換を呼び起こした言葉 ――

（WA.7,838,3ff.）

「もしわたしが聖書の証言によって，あるいは明白な理由によって反駁されるのでなければ，わたしは取り消すことができません。（なぜならば，わたしは教皇もまた公会議だけをも信じませんから。というのは，それらはしばしば間違いをし自己矛盾していることが確実だからです。）わたしは自分が引用した聖書によって説き伏せられたのです。そしてわたしの良心は神の言葉に縛られています。わたしは取り消すことができないし，またそうしようとも思いません。なぜなら自分の良心に反して行動することは危険でありますし，正しくないからです。わたしはほかにすることができません。神よ，わたしを助けたまえ。アーメン」。

Nisi convictus fuero testimoniis scripturarum aut ratione evidente (nam neque Papae neque conciliis solis credo, cum constet eos et erasse sepius et sibiipsis contradixisse), victus sum scripturis a me adductis et capta conscientia in verbis dei, revocare neque possum nec volo quicquam, cum contra conscientiam agere neque tutum neque integrum sit. Ich kan nicht anderst, hie stehe ich, Got helff mir, Amen

　ヴォルムスの国会において自分の著書を取り消すように迫られたとき，ルターはこのように答弁した。この言葉の終わりで彼は自分が逃げ隠れしないで責任をとる態度を表明し，「わたしはここに立っています。わたしはほかにすることができません」（Hier stehe Ich, ich kann nichts anderes！）いう有名になった言葉を語ったと記されている。この言葉は最初彼の著作にはなく，当時発行されたパンフレットの表紙に記されたものであった。国会でトリエルの判事エックは最後の攻撃を試みていた。彼はルターが教皇と公会議よりも聖書の権威に訴えることによって，教皇と公会議の不可謬性を疑っている事実を訊ねたとき，この言葉は発せられたのである。

　この国会においても，またその二年前に開催されたアウグスブルクの国会においても，ルターに対する審問はただ一つのことに集中していた。それは彼が書いた著書をすべて取り消し，撤回することであった。アウグスブルクの国会へ派遣された教皇の使節カエタヌスは当代のトマス主義を代表する学者であったのに，ルターとの討論ではなく，ただルターが自著を撤回することだけを求めた。「わたしは撤回する」（revoco）とは短い一語にすぎず，ただこれだけ言うなら，すべては決着するのである。もし撤回すると言ってルターが自著を取り消すならば，社会上の混乱と暴動は起こらないであろうし，燻っていた戦争も避けられるということだった。それだけに彼の苦悩も大きかったはずである。ヴォルムスの国会でも同じであった。自分の行為が社会秩序を転覆させ，

1 「われ，ここに，立つ」

混乱を引き起こしうる場合，彼はできるならば撤回したいと願ったに違いない。そこで彼が実際に提案したのは，もし聖書が自分を説得して自説を撤回へと招くならば，つまり聖書により自分が説得されるならば，取り消すということであった。そこには彼にとって唯一の権威である聖書を彼が重大な保留の条件として提示したことは明白である。

教皇や公会議といえども人間や人間の営みであるかぎり，誤謬に陥ることはありうる。原始教会においてかつてパウロがペテロを責めたように，弟子の代表者ペテロでさえも誤りうるのであるがゆえに，教皇の不可謬性など考えられないと彼は思った。こうして「もしわたしが聖書の証言によって，あるいは明白な理由によって反駁されるのでないなら，わたしは取り消すことができません」という冒頭の言葉が発せられた。つまり聖書の権威と明白な論拠によらないで撤回することはありえないというのが彼の返事であった。

このルターの回答に対し国会で尋問し，追及していたトリエルの判事エックは，次のように反論し，最後の攻撃を試みた。

> 「マルティンよ，あなたは，聖書を解明しようと日夜努力し，大いなる労苦と熱心さをもって追究した聖なる博士たちに優って，聖書の知識とその真の意味とを理解するただ一人であると僭越にも考えたりしてはならない。……もっとも完全な立法者キリストが制定し，使徒たちが全世界に宣教して広め，奇跡が確証し，殉教者の血が確認し，……聖なる公会議の決定が確立した，もっとも神聖な正統的信仰を疑うことがあってはならない」（WA7, 837,26-29: 32- 838,11）。

ルターが聖書の権威と明白な理由とに依って立っていることを知った判事は，このようにカトリック教会の権威に従うように勧めた。また判事はルターが「わたしの良心は神の言葉に縛られているのです」と語った点にも触れて，次のように最後の呼びかけをした。「兄弟マルティンよ，あなたの良心を捨てなさい。危険を避けるためのただ一つの方法は，既成権威に服従することである」と。判事によるとルターの良心は直接神の言葉に向かっているが，それよりも既成の権威に従うほうが危険がはるかに少ないから，社会的規範を守ったほうが安全であるというのである。

　このように判事エックはルターが良心的な人間であることをよく理解したが，ルターの良心が社会的規範に服するよりもさらに高い上級審である神の言葉と結びついている事実を見逃していた。ルターは判事のこの切なる訴えをも聞き入れないで，自分は取り消すことができないと主張した。そのとき語られた言葉こそ「わたしはここに立っています。わたしはほかになし得ません」にほかならなかった。多分閉会の騒音にまぎれてこの言葉は多くの人々には十分に聞き取れなかったかもしれないが，もっとも印象深い世界史的な一瞬の出来事として確かに発せられたのであった。

　個人の人生にはときとして世界史の大きな流れと接触する一瞬が訪れる。そのとき人間の最内奥から発せられた言葉が歴史を大きく変えることが起こりうると言えよう。

2
「わたしは修道士になります」

（WA.8,573,30-574,2）

　「とても明瞭に残っている記憶によってわたしは思いだすのです。すでにあなたが和解してわたしと語ったころ，わたしもまた天からきた驚愕によって呼びだされたと確信していました。なぜなら，わたしは好んで，また憧れて修道士となったのではなく，まして口腹の欲のために実際そうなったのではなく，突然，死の恐怖と苦悶に囲まれて，自発的でない強制的な誓約を立てたからです。そのころあなたは妄想と狂気でなければよいがといわれました」。

Memini enim nimis praesente memoria, cum iam placatus mecum loquereris, et ego de coelo terroribus me vocatum assererem, reque enim libens et cupiens fiebam monachus, multo minus vero ventris gratia, sed terrore et agone mortis subitae circumvallatas vovi coactum et necessarium votum：'Utinam（aiebas）non sit illusio et praestigium'.

　ルターは何ゆえに修道院に入ったかという理由を『修道士

の誓願について』（1522 年）の序文で父あてにこのように書いた。ここには修道の誓約が思いがけない突発的出来事であったこと，しかもそれが自分の発意によるのではなく，神からの直接的な干渉として受身的に感じとられたことが記されている。これは彼が大学生のときに受けた落雷の経験を前提とした言葉である。そこでこの経験を彼自身が語っている一文を引用してみよう。

> 「7 月 16 日，聖アレクシウスの日，〈エアフルトの修道院に入って，今日で 1 年になる〉とルターは言った。2 週間前は殆ど予想していなかったが，エアフルトから遠くないシュトッテルンハイムの近郊で雷により強い衝撃を受け，恐怖のあまり〈聖アンナ様，お助け下さい。わたしは修道士になります〉と叫んで，誓願した経緯を物語った。神様は当時わたしの誓願をヘブライ語で理解して下さった。アンナとは「恩寵で」という意味で，律法でという意味ではない。後に，この誓願で悔やむことになる。多くの人は思いとどまるようにと勧めた。が，わたしは固守して，聖アレクシウスの前日にお別れのために親友たちを招いて，翌日，修道院まで一緒に行なって欲しいと頼んだ。わたしをしきりに引き留めようとしたので，〈今日会うのが最後です〉と言った。彼らは涙を流しながら見送ってくれた。わたしの父も誓願には非常に立腹したが，決心は変えなかった。修道院を諦めることなど考えもしなかった。こうして，全く世を捨てた」（WA.TR. 4, 4707，植田兼義訳）。

ルターはエアフルト大学の人文学部を卒業すると，なお上

2 「わたしは修道士になります」

の法学部に入って将来の出世の足がかりをえようとしていた。これは父親ハンスの希望を入れてのことであった。ルターはこの期間に学業の上で比較的暇な時をえて，内面的な問題に沈潜していたようである。彼は内心に不安を感じながらも新学期に入ったが，はやくも6月には許可をえて，マンスフェルトの両親のもとに帰省した。そしてふたたびエアフルト大学に戻る途中，間もなく大学町に着こうとしたとき，あの有名な落雷の経験をしたのであった。

彼は死の恐怖におびえ，「聖アンナよ，助けて下さい。わたしは修道士になります」と叫んだ。だれでもがする苦しいときの神頼みである。わたしたちが留意しなければならない点は，突然死の危機に直面して口ばしった，この誓約の言葉を彼が最後まで忠実に守り続け，責任をもってそれを果たそうとしたことである。ここに良心の人，自分の語ったことにどこまでも責任を負っていこうとする良心的人間の姿をみることができる。それゆえ彼は，事実，誓約した通り修道院の生活に入り，救済を求めて激しい苦闘の生活を経験することになった。

当時のエアフルト大学では，すでにオッカムの哲学が盛んになっていて，いわゆる自然哲学も講義されていた。地球が球体であること，嵐がそれ自体として自然現象であること，人間の身体の死も自然の現象であることをルターは恐らく知っていたはずである。大学生であるから当然そのような認識をえていたと思われる。ところが自然現象の背後に神の手を感得したとルターは考えたのであるから，これは中世的人間の名残りではなかろうかと一般には考えられよう。

しかし彼の修道院入りの動機にはもう一つの理由があった。それはこの文章にある「死の恐怖と苦悶」であって，宗

教生活の原因に死の恐怖が指摘される。マックス・シェーラーはその宗教論で，ルターの宗教を「死の恐怖」説と解釈する。ところがこの恐怖が突然襲ったのは，そのときまで無意識のうちに隠されたかたちで潜在的に蓄積されていた内心の不安と動揺とがすでに存在しており，それが落雷という突発的出来事を契機にして一挙に意識の表面にほとばしり出てきたといえよう。

この落雷の経験で彼がその背後に神の手を感じたというのは，やはり彼の「良心の不安」もしくはその戦慄がそこにあったからこそ，そのように感じたのではなかろうか。たしかに雷は自然現象であるし，それに打たれて死ぬことも自然死である。しかし自然現象の背後に何かを認めたということは，それは大学生でありながらおかしいというのではなくて，彼の心の状況がいわば良心的危機の下にあったからではなかろうか。落雷に遭うことなどは実はよく起こる現象であって，ありふれた日常経験である。そのとき発せられた守護聖人アンナへの呼びかけも，炭坑夫であって父が常々苦しいときの神頼みにしていた守護聖人の名前に過ぎなかった。しかし，この発言が彼の生涯を決する大問題となったのは，自己の死を感じさせる畏怖を伴った神との直接的な出会いがそこにあったからであり，そこにルドルフ・オットーのいう「戦慄すべき神秘」(mysterium tremendium)が感得されており，それが宗教生活の発端になったといえよう。

3
塔の体験と認識の開眼

（WA.54,185. = CL4,427,18-26,37-428,2）

「この〈神の義〉という言葉をわたしは嫌悪していた。なぜなら，それについてすべての博士たちの習慣的使用法は，わたしにそれを哲学的に解釈するように教えたからである。わたしはそれを（彼らのいう）〈形式的〉あるいは〈能動的〉義，神が罪人や不義なる者を罰するようにする義であると理解していた。わたしは修道士という非難の余地のない生活をしていたにもかかわらず，神の前には極度に不安な良心をもつ罪人であると感じた。そして神がわたしの罪の償いによってなだめられるという確信がもてなかった。わたしはこの義にして罪人を罰する神を好むどころか，かえって嫌っていた。……わたしは，〈神の義〉がここでは義人が神の贈物により，つまり信仰によって生きる際の義であり，福音によって神の義が啓示されているという，この〔義という〕言葉が明らかに〈受動的〉であって，それによって神はあわれみをもって信仰によりわたしたちを義とすると，理解しはじめた。……そのときわたしはまったく生まれ変わったような心地であった。そしてわたしは広く開かれた門から天

国そのものに入ったように思った」。

Oderam enim vocabulum istud 'Iustitia Dei', quod usu et consuetudine omnium doctorum doctus eram philosophice intelligere de iustitia (ut vocant) formali seu activa, qua Deus est iustus, et peccatores iniustosque punit. Ego autem, qui me, utcunque irreprehensibilis monachus vivebam, sentirem coram Deo esse peccatorem inquietissimae conscientiae, nec mea satisfactione placatum confidere possem, non amabam, imo odiebam iustum et punientem peccatores Deum.……ibi iustitia Dei coepi intelligere eam, qua iustus dono Dei vivit, nempe ex fide, et esse hanc sententiam, revelari per evangelium iustitiam Dei, scilicet passivam, qua nos Deus misericors iustificat per fidem.……Hic me prorsus renatum esse sensi, et apertis portis in ipsam paradisum intrasse.

ここに「神の義」の新しい認識が拓かれたと語られている。つまり「神の義」というのは，神がそれによって罪人を裁く審判の正義ではなく，キリストの福音のゆえに罪人を義人とみなす，したがって人間の側からは信仰によって受動的に与えられる義である。ここには新しい認識がルターにもたらされたことが示される。わたしたちはここで二つの義，したがって正義の二つの相違する見方に注意すべきである。彼は正義をそれまで哲学的な「配分の義」，すなわち応分のものを報いる，応報的な義と考えていた。ところが彼が見いだ

3 塔の体験と認識の開眼

した義は，神が人間に授ける「授与された義」であって，哲学や法律で説かれる正義とは違っていた。この義は神と人との関係の義であって，そこには人格的間柄が「信仰」や「信頼」によって成立し，それは内容的に神の判断，すなわち罪人にもかかわらず義人と認定する神の恩恵の行為によって成立する。もちろんこのような判断と認定は恣意的なものではなく，十分の根拠をもっている。事実，そこにキリストの贖罪の意義があって，キリストの死のゆえに神の義認の判定は現実に有効性をもってくる。

この頃，ルターはヴィッテンベルク大学の神学部長であったシュタウピッツからも宗教上の指導を受けていた。シュタウピッツは自己の神秘主義の立場から「キリストの御傷」の省察をすすめ，「真の悔い改めは神に対する愛にはじまる」と述べて，悔い改めから出発していって神の愛に昇りつめるオッカム主義の精進の道を逆転させなければならないことを彼に示唆していた。ルターはシュタウピッツ宛ての手紙のなかで言う，「真の悔い改めはすなわち神への愛であり，この愛は他の神学者たちでは終局のもの，悔い改めの実現であるが，実際にはすべての悔い改めの初めに立っている。このあなたの言葉は強者の放った矢のようにわたしに突き刺さり，悔い改めについて聖書のすべての出典箇所を比較考察するようになりました」（WA.1,525,11-16）。実際ルターが発見した真理もこの延長線上にあった。すなわちオッカム主義の修道による救済に対する準備の終局目標として立っている聖霊による恩恵の注ぎこそ，実はいっさいの善いわざの出発点である，というのが彼に到達した認識であった。宗教の本質は道徳からは認識できないのであって，聖なる存在からの生命によって生かされる経験のなかにのみ認められる。したがって

聖なる生命である聖霊の注ぎは，人為的なものでも道徳的なものでもなく，ただ信仰によって受容するほかにはそこに到達する通路はない。この認識が一つの決定的転向を呼び起こし，「行為義認」から「信仰義認」への方向転換を生んだのである。これが「神の義」の発見である。これは先のルターの自伝的文章のなかでこの転向を行為による「能動的義」から信仰による「受動的義」への転回によって説明していた。

そこでイエス・キリストの贖いについて最も簡潔に説明している『小教理問答書』から一文を引用しておこう。「主イエス・キリストは金や銀をもってではなく，ご自身のきよい，尊い血，罪なくして受けた御苦しみと死とをもって，失われ，罪にさだめられた人間であるわたしを救い，すべての罪と，死と，悪魔の力から救い，あがないだし，獲得したもうたことを信じる。こうして，わたしは彼自身のものであり，彼のみ国において，彼のもとに生き，あたかも彼が死からよみがえり，永遠に生きてすべ治めたもうように，永遠の義と無罪と，祝福とのうちに，彼に仕えるためである。これは確かにまことである」（WA. 30,I, 366，内海季秋訳）。救い主が神と人との仲保者，つまり仲立ちに立っているから，罪人を無罪放免するという神の判決は法に適っているのである。

4
免罪符と改革の開始

（WA.1,233,10-11）

　「わたしたちの主であり教師であるイエス・キリストが〈悔い改めよ。等々〉と言われたとき，彼は信仰者の全生涯が悔い改めであることを望みたもうたのである」。
　　Dominus et magister noster　Iesus　Christus dicendo "Penitentiam agite etc". omnem vitam fidelium penitentiam esse voluit,

　贖宥の効力について論じた「95箇条の提題」がヴィッテンベルクの城教会において発表され，宗教改革の火蓋が切って落とされたことはよく知られている。この討論のなかには二つの重要な思想がふくまれていた。その第一は「悔い改め」の概念であり，第二は「十字架の神学」の主張である。この討論の第一提題は大変有名であり，上記のテキストのように言われる。
　当時のカトリック教会が一般信徒のために制定した「悔い改め」（paenitentia 告解）のサクラメントはルターが修練を積んだオッカム主義の厳しい教えと比較すると，はるかに緩和されたものであった。悔い改めのサクラメントは教皇グレゴ

リウス一世以来の伝統となっていたもので，(1)「痛悔」と呼ばれる犯した罪に対する心からの悔恨と，(2)「告白」，つまり罪を衆人の前で口頭で告白する行為，および (3)「償罪」という犯した罪のための善いわざによる弁済から成っていた。この弁済のために巡礼に行なったり，十字軍に参加したり，お金を払ったりしたのであるが，「贖宥」(indulgentia, Ablass 免罪) とは教会に蓄えられているキリストと諸聖人の功徳によって赦免する権利を主張するものであった。これらは教会が制定した刑罰であり，教会は地上における罰のみならず，死後の煉獄（浄罪火）に対しても有効であると主張していた。というのも「天国の鍵」はペテロ以来教会の手中にあると信じられていたからである。

　元来「贖宥状」はわが邦の「お守り札」と同様民衆の信心の対象にすぎなかった。贖宥は教会や，あるいは市場や街路でも売りさばかれていた。それゆえ大学の構内で贖宥について討論しても，とくに刺激的なことではなかった。だが時代の趨勢は大きく変化していた。とくにこれが黄金によってすべてを獲得する「ファウストの世紀」では教会政治の上で悪用されるようになったからである。これに対しルターは批判せざるをえなかった。こうしてカトリック教会と民衆の心とをつないでいた「悔い改め」のサクラメントを彼が批判したことは，カトリック教会の心臓部を突くほどの重大な意義をもっていた。

　ルターは「悔い改め」を個々の罪に制限しないで，人間の存在全体にかかわるもの，しかも「信仰者の全生涯」にわたって行なうべきものであると第一提題で主張した。またこの提題の説明では，「悔い改め」とはギリシア語のメタノイ

4　免罪符と改革の開始

アつまり「心の転換」を言い[1]，これまでの生き方を止めて，全く他なる心をもつこと，古いアダムに死してキリストに生きることを意味すると語っている。それに対し教会が定めた贖宥は教会が定めた罰則にのみ適用されるというのがルターの主張であった。したがってルターが贖宥に反対して「95箇条の提題」をかかげたとき，教会の課する処罰を他のものによって代置するという教会のもつ権利を，いささかも攻撃しなかった。ところが現実においては贖宥はただ教会が定めた処罰の免除にかかわるだけでなく，いくつかの赦罪にも関係していたことが問題となった。贖宥状は同時に真に重大な犯罪にも適用され，信徒は好きな司祭を選んで告解することによってその罪から赦しを得ていた。こうしていつしか贖宥状は処罰と罪責の両方の赦免を約束するものとなった。これによって痛悔のほうは単なる形式に堕してしまった。

しかもルターが攻撃したのは一般的な贖宥状ではなく，ローマの聖ペテロ大聖堂新築のために，1506年と1514年に発行されたものであった。贖宥状の代金はまずホーエンツォルレルン家のアルプレヒト大司教の手を経て，教皇庁に納入すべき巨額の金を集めるために彼が借金をした銀行家フッガーの手にはいった。もちろん贖宥状販売に当たったテッ

---

1)　ルターが『贖宥の効力についての討論の解説』1518 に付した序文によると，シュタウピッツはプロテスタントの宗教改革の先駆者であるばかりか，その父でもあることになる。なぜなら，この序文における「悔い改め」(paenitentia) の解釈が直接シュタウピッツに由来するとすれば，宗教改革の発端は彼に淵源するといえるから。しかし「悔い改め」のギリシア語の意味の発見は古典語の専門家の示唆に負うていることが明らかである。この古典語の専門家がだれであるか明確には示されていない。しかし，ギリシア語新約聖書『ノーヴム・オルガーヌム』第二版を参照するならば，「心を再び立て直すこと」(resipicentia) としてのメタノイアの語義を初めて世界に示したのはエラスムスであることは明白である。

17

ツェルやその他の者の手に入ったものもあった。この販売はルターがいた選定侯領では許されていなかった。彼はこの販売についてただ聞いていたにすぎない。しかし彼は贖宥の「効力」を制限するだけでなく，贖宥そのものの有効性を原理的に問題としたため，95箇条の提題は罪の赦しという神学問題を論じた印象を与えるとともに，それを通してルターの新しい福音の理解と神学思想が明らかに輝き出たのである。こうして中世カトリシズムの宗教的世界全体が崩壊するほどの意義がこの提題のなかに込められていたことになる。

5
新しい神学の提示

（WA. 1, 613, 21-25; 614, 17, 22）

「それに関して今や注意せよ。スコラ神学が開始したときから，十字架の神学は無効にされ，すべては明らかに転倒させられた。十字架の神学者（つまり十字架につけられ，隠された神を語っている者）は，懲罰と十字架と死がすべてのものの中でもっとも高価な宝であり，もっとも聖なる遺物であると教える。……しかし栄光の神学者（つまり使徒とともに十字架につけられ，隠された神のみを知らないで，かえって異国人とともに栄光に輝く神を知ろうとし，見えるものから神の見えない本質を認識し，至る所に遍在する全能の神を見て，これについて語る者）はアリストテレスから意志の対象が善にして愛すべき善であるが，しかし悪は憎んでおり，したがって神は最高善であって最高に愛すべき者であることを学んでいる」。

Quo circa nunc vide, Num quo tempore coepit Theologia Scholastica,…… evacuata est Theologia crucis suntque omnia plane perversa. Theologus crucis（id est de deo crucifixo et abscondito loquens）poenas, cruces, mortem docet esse thezaurum omnium preciosissimum et reliquias sacratissimas,……Theologus vero gloriae（id est qui non cum Apostolo solum crucifixum et absconditum deum novit, sed gloriosum cum gentibus, ex visibilibus invisibilia eius, ubique presentem, ominia potentem videt et loquitur）discit ex Aristotele, quod obiectum voluntatis sit bonum et bonum amabile, malum vero odibile, ideo deum esse summum bonum et summe amabile.

　贖宥（免罪）の効力について論じた95箇条の提題には前に指摘したような「悔い改め」についての優れた見解が見られるばかりか，宗教改革者としての新しい立場「十字架の神学」も含まれていた。ルターによると心の転換としての悔い改めが生じるのは，キリストの十字架によってであって，教会が発売した贖宥状では不可能である。つまり諸聖人が蓄えた「教会の宝」では真の悔い改めに至ることができない。教会の宝はキリストの十字架であり，十字架によってのみ真の神学は形成される。「また教会の宝はキリストと聖人たちの功績でもない。なぜなら，これらの功績は常に教皇なしにも内なる人には恵みを，外なる人には十字架・死・地獄を生じさせるからである」（「95箇条」の58提題）。

　「教会の宝」という教えは13世紀に作られたもので，「教会が剰余となったキリストの功績と処女マリアと諸聖人の功徳を自分の資本として管理していた」とある。またキリストのからだである教会に所属する信徒は，これを利用する権利をもっていた。それは一時的に犯した罪に対する免除と赦しに適用された。ルターはこれを『贖宥の効力についての討論

5 新しい神学の提示

の解説』で次の二点から批判した。(1) 聖人は神の戒めを十分に実現しなかった。「いかなる聖徒もこの世で十分には神の戒めを実現しなかった。それゆえ贖宥に関して分配されるべき何ものも彼らには残されていなかった」(WA.1,606,12-14)。(2) 贖宥の宝はキリストの功績に頼ることはできない。「キリストは贖いの金であり、この世の救済者であるから、あらゆる点で教会の唯一の宝である。だが彼が贖宥の宝であることに関してわたしはこれまでより良い教えでもって論争してきた」(ibid.606,19-21)。これに続けて冒頭に引用されたテキストが記述されており、「十字架の神学」について初めて言及されたのである。こうして中世を通して説かれてきた諸聖人の功徳から成る「教会の宝」は贖宥状を取得することによって獲得できるものではなく、むしろその宝は十字架であり、この十字架という場所においてのみ真の神学は形成される。

そこからルターは「十字架の神学者は苦痛と十字架と死が教会の最高最貴の宝であり、最も聖なる遺物であると教える」と説いたのである。ここに彼の新しい神学思想が「十字架の神学」として語られており、この提題の終わりにも、「教会の真の宝は神の栄光と恵みから成る至聖の福音である」(同62提題)と主張され、「キリストの民に向かって〈十字架、十字架〉と語るすべての預言者たちは幸いである」(同93提題)。「キリスト者は苦難・死・地獄を通してその頭(かしら)であるキリストに熱心に従うよう勧告されなければならない」(同94提題)と説かれた。

こうした内容からなる提題は宗教改革という世界史的事件を勃発させることになった。それはルターの予想を遥かに超えた速さでもって全ドイツに広まった。「全世界が贖宥、と

くにテッツェルの説教を非難していたので，それは14日間に全ドイツに広まった」と言われる。この贖宥の説教者について「銭が箱の中へ投げ入れられて，チャリンと鳴るや否や，魂が〔煉獄から〕飛び立つと言う人たちは，人間的な教えを宣べ伝えている」（27提題）と批判される。だが，「銭が箱の中に投げ入れられてチャリンと鳴ったとき，利得と貪りとは確かに増加することができても，教会の執り成しはただ神の御心にのみかかっている」（同28提題）と説かれた。

　事実，この提題によってカトリック教会における悔い改めのサクラメントとキリストの言葉との関係が問題となり，中世以来教会と民衆とを実質的にもっとも堅く結びつけていた紐帯が完全に刷新された。この紐帯こそまさしくカトリック教会の心臓部であり，ここを突かれると致命的なものとなる急所であった。それゆえこの提題はカトリック教会に致命的な大打撃を与え，宗教改革の発端となったのである。

　このような内容からなる「95箇条の提題」は宗教改革という世界史的事件を勃発させた。このようになったのはルターがこの提題によってカトリック教会の「悔い改め」のサクラメントとイエスの言葉との関係を本質において断ち切り，このサクラメントから民衆に対する拘束力を奪い去ったからである。こうして教会と民衆とを堅く結びつけていたチャンネルが完全に断ち切られることになった。

6
ハイデルベルク討論「第一三命題」

（WA.1,359,23-360,4）

　「自由意志は，堕罪後には単なる名前だけのものであって，それが自己にできる限りをなしていても，死にいたる罪を犯す。

　初めの部分は明瞭である。なぜなら自由意志は罪の虜となり，奴隷とされているから。そのわけは，その存在が無であるからではなく，ただ悪に向かうほかは自由でないから。ヨハネ福音書第8章〔34, 36節〕に，〈罪を犯すものは罪の奴隷である〉，〈もし子があなたがたを自由にすれば，あなたがたは本当に自由になる〉とある。それゆえ，聖アウグスティヌスは『霊と文字』〔3章〕という書物のなかで，〈自由意志は恩恵なしには罪を犯す以外には何の力もない〉，また，『ユリアヌス駁論』という書物の第二巻に，〈あなたがたは自由意志と呼んでいるが，実は奴隷意志である〉などと言っている。他の箇所も無数にあげることができる。

　第二の部分は，上述のことと，ホセア書第13章〔9節〕の「イスラエルよ，お前の破滅がお前から来る。お前の助けはただわたしから来る」などとあることか

ら明らかである」。

Liberum arbitrium post peccatum res est de solo titulo, et dum facit quod in se est, peccat mortaliter.

Prima pars patet, quia est captivum et servum peccato, non quod sit nihil, sed quod non sit liberum, nisi ad malum. Iohan. 8. Qui facit peccatum, sevus est peccati. Si Filius vos liberaverit, vere liberi estis. Inde B.Augustinus libro de spiritu et litera dicit: Liberum arbitrium sine gratia non nisi ad peccandum valet, Et libro 2. Contra Iulianum : Liberum vos vocatis, imo servum arbitrium & c. Et innumeris allis locis.

Secunda pars patet ex superadictis et illo Hose. 13. Perditio tua ex te, Israel, ex me tantummodo auxilium tuum.

　ルターは『ハイデルベルク討論』(1518年) で初めて新しい神学思想の概要を明瞭に述べた。この討論が行なわれた歴史的状況をまず述べてみよう。先に論じたルターの贖宥状に対する批判は全ドイツを動かし，「95箇条の提題」は当時ルターが所属していたアウグスティヌス派の修道会でも問題となり，ローマの本部からドイツ支部の代表者シュタウピッツのところに抗議が寄せられていた。そこでシュタウピッツは三年おきに開催されていたドイツの同派の総会にルターを出席させ，彼に命じて自己の主張の要点を討論のために提題の形で提出させ，その提題について短く解説し，それを人々の討論に委ねさせた。この総会は1518年4月下旬に古都ハイ

6 ハイデルベルク討論「第一三命題」

デルベルクで開催された。ここでは「贖宥」については論じないで、罪と恩恵の問題が選ばれ、とくに自由意志に関する論題では「十字架の神学」が神学的な表現をもって表明されている。

ルターはこの討論で自己の神学思想を「神学的逆説」といい、先の「十字架の神学」における十字架は逆説として語られているので、その神学思想の特質を「逆説的神学」といってもよいと言う。「逆説」(para doxa) とは「一般の人々の考えに逆らう」という意味であるから、これまでの合理的スコラ神学の体系を根底から転覆させようとする試みとなった。

まず神の律法についての逆説的主張がなされている。彼の基本的主張は、神の掟や戒めである律法は、もっとも有益な教えであり、人間に善い行為を命じるものであっても、それは同時に人間に自己の罪を認識させる。だから善いはずの律法がわたしたちにとって悪をもたらしている。これではわたしたちに不可解となり、わたしたちを躓かせる。元来善いものが罪悪の根源となり、神の怒りをわたしたちに啓示する。

次に人間自身についての逆説が「義人にして同時に罪人」という命題によって語られる。人間の行為は表面的に善の仮面をつけていても、悪しき根から生じているので、法律違反による犯罪を犯さないとしても、罪性から自由ではない、と彼は言う。「悪しき根」というのは人格の根本が腐敗し、不純な動機もしくは行動の動機を転倒させる「心のねじれ」を言い、カントの「根本悪」と同じ主張である。

ここから「自由意志は奴隷意志である」との逆説が直接説かれるようになった。つまり最善の努力をしていても最悪の事態を自ら招来している点が意志にあてはめて冒頭に引用し

た第13命題で提示される。

　その意味は自由意志が一般の倫理的意味では戒めや律法を実行しうる能力であると考えられていても，ルターは神との関係ではこれを否認し，これによっては自己の救済にも善いわざにも到達することができないばかりか，常に悪をなさざるを得ないので，奴隷的であると主張する。この提題の説明で彼は「自由意志が罪のとりこにして奴隷である」という。そのわけは，その存在が無であるからではなく，ただ悪に向かってのみ自由であって，自由意志はあっても，悪の奴隷となっているがゆえに，無意味である。それは悪へ拘束されているが，自由決定の能力の存在そのものは否定されているわけではない。したがって，彼はこの存在をその内実を欠いた「単なる名目」において認めているにすぎないが，それでもその実在性を認めている。それに加えてオッカム主義の命題が加えられる。それはスコラ神学のいわば公理であって「自己にあるかぎりのことをなすことによって恩恵に達しようと思う人は，罪に罪を重ねて二重の罪過に陥っている」というものである。ルターはこの命題の説明で，人間が最善を尽くしても罪を犯しており，しかも自己自身のものだけを追求しながら，それによって恩恵に至りうると考え，自負心と高慢との罪に陥っていると言う。このようにルターは人間の罪の深淵性と現実の悪をみつめ，絶望にまで人間を導くのであるが，それは人間が自己の病を知って，人間を心の最内奥から新生させるべく，真の癒し手なるキリストを求めるためである。ここから「キリストのみ」（solus Christus）が実に彼の宗教改革の指導原理となって，アウグスティヌス以来主張された「恩恵のみ」は「キリストのみ」として確認された。

7
ヴァルトブルク城での仕事

(WA.8,109,21-22)

　「このこと〔悔い改めること〕は，生活を変えることにほかならない。――それは罪を打ち負かす信仰によってなされる。神の国の支配下に入ること以外の何であるのか。――それは〔罪の〕赦しを与える恩恵によってなされる。

　Quid hoc est nisi mutare vitam, quod fides facit peccatum expurgans, et sub dei regno esse, quod gratia facit remittens ?

　1521年にヴォルムスの国会に召喚されたルターは帝国追放令を受けたが，ドイツの選帝侯フリードリッヒによってヴァルトブルク城に匿われた。アイゼナッハの郊外にあるこの山城はその昔お殿様が供の者を伴い騎馬で道を進んでいたとき，城塞（ブルク）を築くのに格好の山を見て，供の者に「待て」（ヴァルテ）と言ったところから，ヴァルトブルクと言い伝えられている。ルターが匿われた居所は城の宮殿に付属していた狭苦しい場所であった。よくもこのような部屋であんなにも多くの仕事をしたものかと驚嘆させられる。そこで彼は何よりもあの有名となった「九月聖書」というドイツ

語訳を完成する。

　孤独の生活につきものの「憂愁の霊」，つまり悪魔に悩まされ，加えて不眠症に苦しみ，鼠の音にも悪魔の所在を感じたのである。ルターは気ばらしに狩りに加わった。そこでも彼は当然振る舞うべきであった騎士にふさわしい行動ができず，狩りにも反感をいだいた。一匹の兎を追って来た犬を避けるため，兎が彼の足下から服の中へと駆けのぼった。この犬に狩り出された兎を彼が外套の下に隠したのに，猟犬は服の上からかみつき殺してしまった。「まるで教皇と悪魔がわれわれに対するのと同じだ」と彼は述べている。

　その際，ルターがヴァルトブルク城の個室で悪魔にインクびんを投げつけたという話しもしくは伝説が有名になった。インクのしみはけずり取られ，観光客によってもち去られると，また新しくつけ直されるらしいし，同様にコーブルクでも壁にしみがつけられたことを見れば，それが早くから伝説になっていたといえよう。このヴァルトブルク城の個室に閉じ込められて，聖書の独訳の仕事をしていた間に彼が身近に悪魔を感じていたことは事実である。「わたしはこの退屈な孤独のさ中でサタンとの多くの戦いがあることをあなたに告げたい」と彼は手紙で述べ，さらに悪魔の化身たるローマ教皇の脅迫についても語っている。

　この頃にはルターの教説に対する異端嫌疑が高まり，1520 年には教皇の教書「主よ，立ちたまえ」が出され，41条項にのぼる問題点が明らかにされた。これに対決してルターは『全条項の主張』を書いて反撃に転じたが，ルーヴァン大学のラトムスが教皇の新教書によって激しくルターを攻撃するようになった。そのときルターは新約聖書のドイツ語訳で多忙であったが，ラトムスを反論して『ラトムス駁論』

7　ヴァルトブルク城での仕事

を書いた。この書物は神学論争の核心をついており，罪と恩恵・律法と福音・義認と聖化，といった重要な神学問題が力強く論じられ，彼の神学における中心的な教えが他のどの作品よりも明解に論じられている。とくに信仰を「生活の全面的転換」に置いている点が留意されるべきである。このことを上記の引用文は「悔い改め」として語っており，ヴァルトブルクでもラトムスへの回答として明瞭に語られた。つまり福音書が説く「悔い改めよ，天国は近づいたから」（マタイ3・2）という言葉にある悔い改めは「生活の変化」なのである。この生活の変化は生き方の転換であって，この恩恵の力によって賜物としての信仰が，残存する罪を駆逐するようになる。

　ルターは学生時代には聖書に接する機会がなかった。大学図書館ではじめて聖書を見いだしたが，読む時間がなかった。彼は卓上語録で大学時代を回想して言う。「30年前にはだれも聖書を読まなかったし，聖書はすべての人に知られてもいなかった。預言者たちは知られてもいないし，理解されもしなかった。たとえばわたしは20歳になったとき，一度も聖書を読んだことがなかった。福音書などないし，要するに，日曜日の説教のなかに記されている以外には使徒の手紙はないと思っていた。ついにわたしは図書館のなかで聖書を発見した」（WA.Tr.3,3767）。だが「エアフルトの青年時代にわたしは大学の図書館で聖書を見いだして，サムエル記の一つの個所を読んだ。しかし鐘が鳴ったのでわたしは講義に戻った。わたしは聖書の全体を読みたいと願ったが，その当時にはそういう機会は与えられていなかった」（WA.Tr.5,5346）。大学の教師になった頃も哲学を一般教養として教えており，聖書を研究したいとの熱望をもちつづけた。そ

の願いがやっと叶えられて，ヴィッテンベルク大学で聖書の講義を担当するようになった。彼は全力を尽くして聖書の研究に没頭した。それゆえ『第一回詩編講義』,『ローマ書講義』,『ヘブライ書講義』,『ガラテヤ書講義』と連続して講義を担当し，そこから新しい神学を生み出していった。ヴァルトブルクに匿われていた間にルターは聖書をドイツ語に翻訳しただけではなく，聖書をどのように説教で用いるか実例をもって示した「ヴァルトブルク・ポスティレ」と呼ばれる『標準説教集』も出版した。彼の居室は狭く，書物など全くなかったことであろう。しかし若い神学教授として精魂を傾けて講義した聖書は，疑いの余地なく彼の中に生き生きと奔流となって彼を導いたといえよう。

8

自由意志論争

(WA.7,146,3-12)

　「そういうわけでこの条項を新しく作り直さなければならない。なぜなら，恩恵を受ける前の自由意志は単なる名目上のものにすぎない，とわたしが以前述べたのは間違っているからである。むしろ〈自由意志は実際には空想的捏造物，もしくは内実を欠いた名目である〉とわたしは端的に言うべきだった。というのは人が善もしくは悪を考えるということはその人の手中にはなく，……すべては絶対的必然性によって生じる（Omnia de necessitate absoluta eveniunt）からである。詩人〔ヴェルギリウス〕が〈すべては法によって確定している〉と語ったとき，彼もこのことを言おうとしていたのであるし，キリストも〈あなたがたの父の意志なしには木の葉の一つも落ちない〉と言う（マタイ 10.29）。さらにイザヤ（41,23）も〈もしできるというなら，善なり悪なりを行なってみよ〉と語って嘲笑している」。

　Unde et hunc articulum necesse est revocare. Male enim dixit, quod liberum arbitrium ante gratiam sit res de solo titulo, sed simpliciter debui dicere 'liberum arbitrium est figmentum in rebus seu titulus sine re'. Quia nulli est in manu sua quippiam cogitare mali aut boni, sed omnia …… de necessitate absoluta eveniunt. Quod et Poeta voluit, quando dixit' certa stant omnia lege', Et Christus Matth. x. 'Folium arboris non cadit in terram sine voluntate patris vestri qui in coelis est et capilli capitis vestri omnes numerati sunt'. Et Esa. xli. eis insultat dicens 'Bene quoque aut male si potestis facite'

「恩恵と自由意志」の問題はアウグスティヌスから始まって中世神学の全体を通して最大の争点となっていた。このテキストはルターの説を異端として決めつけた教皇の教書「主よ，立ちたまえ」を論駁した『レオ十世の新教書によって有罪とされたマルティン・ルターの全条項の主張』(1520年)にあることばである。それは『ハイデルベルク討論』の第13命題を修正し，堕罪以後の人間の意志が無力になり，恩恵なしには救済を達成しえないことを説明したときに，詩人ヴェルギリウスの言葉「すべては法によって確定している」が引用され，これによって自由意志を全く排除する決定論にルターは転じるようになった。

それまでは自由意志が形式的にも認められていたのであるが，全面的に否定されることとなり，自由意志に対する解釈が変更されるにいたり，『奴隷意志論』(1525年)で最終的な結論に到達することになった。ルターは自由意志を「単なる名目上のもの」から「実際には空想的捏造物もしくは内実を欠いた名目」へと転換させることによって全面的な否定に至った。

8　自由意志論争

　これに対しカトリック教会はエラスムスにルターを批判するように強要した。彼はこのカトリック教会の要請に従って、『自由意志論』（1524 年）を書き、ルターの『全条項の主張』における自由意志の問題を取り上げて批判するようになった。エラスムスの目には「すべては絶対的必然性によって生じる」という主張が神学的決定論に陥っているように映った。この議論は「その反対が不可能である」自然学においては適用可能であるが、自然学的絶対必然性を総じて人間の実践（倫理学や政治学の領域）に適用することはできない。もしそれを人間に適用するとしたら、それなりの制限と限定を付けなければならない。これがエラスムスの批判の原点であった。この批判に応えてルターは『奴隷意志論』（1525 年）を書いて反論した。これが歴史上有名な自由意志論争である。

　ルターは決定論ともいうべき思想をこのように述べているが、それは日常生活に適用すべきではなく、神による救いという狭い関係でのみ主張されているに過ぎない。彼は言う、「わたしたちが下位のものに目を向けるなら、事態は自由意志と偶然に属しているのは明らかである。しかし上位のものに目を向けるなら、すべては必然的である。というのはわたしたちが意志するようにではなく、神が意志するようにあるからである。……神に対しては自由意志を止めなければならない。わたしたちと現世的なものに対して自由意志は明らかに存在する」（W.7,146,32f.）と。ところが『全条項の主張』のドイツ語版では絶対的必然性の命題も議論も見られず、ルター自身も、この母国語版のほうがいっそう良いと言っている（WA. Br. 2, 151, 7f.）。さらにこの版では自由意志を表わす聖書的表現として「我意」（eygenwille）をあげている点

を見ても，ルターが自由意志は「内実を欠いた名目」にすぎないと『全条項の主張』で言う真意がその存在をも否定しているのではないことが知られる。

　ルターは『ハイデルベルク討論』で「逆説的神学」の立場にもとづいて，キリストによって啓示された神は「啓示においても隠されている」という逆説を強調した。ところが自由意志とは矛盾的に対立する絶対的必然性を説く『奴隷意志論』では「隠れたる神」（Deus absconditus）が「神の神性」・「御言葉を纏わない裸の神」・「神自身」であるという形而上学的側面を指摘しており，これについて議論することが一方的に禁じられた。こういう断定的な態度がエラスムスにはマニ教やウィクリフと同じような決定論に陥っているように見えたのは当然のことである。ところでルターの思想が神学的決定論であるか否かは，エラスムスとの論争を通して解明されなければならないが，すでに説明したところからも明らかなように，ルターは道徳の領域と宗教の領域とを厳密に区別し，道徳から宗教への安易な移行を認めないで，聖なる「神の前に」（coram Deo）畏怖をもって関わる宗教的意識に立って思索を展開している。それに反しエラスムスは人間の道徳性を重んじる人文主義者として自由意志を最小限においてでも認めようとする。ここに両者の根本的な差異があって，ルターが恩恵を欠いた人間には何が可能かと神学的に追究したのに対し，エラスムスは恩恵によって人間には何が可能かと倫理的に論じている。

9
ドイツ農民戦争

（WA.11,251,12-21）

　「世界はすべて悪く，千人のうち殆ど一人の真のキリスト者もいないほどなので，互いに咬みつき合って，だれも妻子を養い，子どもを教育し，自ら養い，神に仕えることができないほどである。こうして世界は荒廃してしまうであろう。それゆえ神は二つの統治を指定したもうた。一つはキリストのもとで聖霊によってキリスト者と信仰深い人々を造る霊的統治であり，他はキリスト者でない者や悪人を抑制して，欲しようが欲しまいが，外的に平和を保ち，平穏であるようにする世俗的な統治とである」。

　Syntemal alle wellt böse und unter tausent kaum eyn recht Christ ist, würde eyns das ander fressen, das niemant kund weyb und kind zihen, sich neeren und Gotte dienen, damit die welt wüste würde. Drumb hatt Gott die zwey regiment verordnet, das geystliche, wilchs Christen unnd frum leutt macht durch den heyligen geyst unter Christo, unnd das welltliche, wilchs den unchristen und bössen weret, dass sie eusserlich müssen frid hallten und still seyn on yhren danck.

このようにルターは『世の権威について，人はどの程度まで それに服従すべきか』（1523 年）で語る。それに続けて「それゆえ，この二つの統治を熱心に区別して，両者とも存続させなければならない。一つは義とするものであり，一つは外的に平和を造り出し，悪事を阻止するものであって，この世ではどちらを欠いても十分ではない。なぜなら，キリストの霊的統治なしでは，この世の統治によってだれひとり神の前に義人となることはないからである」（ibid.,252,12-16）と言う。ルターはこの著作を農民戦争が勃発する前に書いた。そこには彼の統治に関する二重性があざやかに示されていた。つまりこの著作の前半は現世の権力への服従が説かれ，それを神の秩序と認めて，不正を甘受することになろうとも服従せよと説いた。しかし後半になると現世の権力が福音を否定するよう求めるなら，それに反抗せよという。反抗といっても武力抵抗でも暴動でもなく，福音のための殉教を彼は考えていた。ここに服従と反抗との二重性が認められる。これは「二世界統治説」（Tweiweltenlehre）と呼ばれる。ここから「政教分離政策」が誕生してきた。この考えにもとづき彼は教会と世俗世界とを峻別し，キリスト者は現世の主権に対して服従するようにと保守的な態度が強調された。だが，ここでは現世の主権が教会に対して暴力を振るうようになるとそれに反抗することを認めている。だから福音主義に立つキリスト者は，カトリック的国家権力に対しても服従すべきであるが，同時に福音により言論をもって抵抗すべきであると説いた。また彼は政治的要求をなす場合には，その道の専門家に相談するように説き，「キリスト者の自由」を政治的意味で受け取ってはならないと勧告した。ところが農民たちの「12 箇条の要求」には「キリスト者の自由」を誤解

9 ドイツ農民戦争

し，それを政治的な自由と解釈する傾向が生まれていた。

ところでルターのほうも農民たちを誤解した点が認められる。たとえば農民戦争がドイツ各地に勃発するや否や，ルターは農民の「暴動」を「殺人預言者」トマス・ミュンツァーとその一味によって生じたものと理解し，偽預言者が農民を殺し，その財を盗む暴徒へと導いているとみて，農民に対して激情にかられた発言をなすような暴挙に出たからであった。ミュンツァーが現実にどれだけの影響力をもっていたかは不明であるが，彼は当時聖堂破壊の罪によってザクセンから追放され，テューリンゲンのミュールハウゼンに移り，その地を制圧した革命軍に対し「進め，進め，勇気の燃えているうちに進め，汝の剣を熱き血潮でやきをいれるのを止めるな。容赦するな」というスローガンを与えた。彼の指揮によって農民は主君の住む居城や修道院を襲撃しては掠奪したり，暴動をくり返した。これに対抗するため領主たちは外国人の傭兵からなる軍隊をかり出した。ルターは農民に対する態度が生ぬるかったことを感じ，『盗み殺す農民暴徒に対して』（1525年）を書いて容赦なく暴民を討伐するよう領主たちを励ました。

> 「彼らは暴動を起こし，彼らの所有に属さない数々の修道院や城砦を，暴力的に略奪し破壊している。そのことによって，彼らは公然たる追いはぎや殺人者として，その肉体や魂が二重に死に値するものとなるだけである。そのうえ，暴動の惹起者であることが証明された者は，すでに神の法と帝国の法の保護の外に置かれた者であるから，彼を最初に殺害することのできた者の行為は，正しくあり，またよろしきにかなうものである。……暴動

は単なる殺人ではなく，それは国土に放火し，それを荒廃せしめる大火になぞらえることができる。……だから，できる者はだれでも，ひそかにであろうと公にであろうと，彼らを打ち殺し，締め殺し，刺し殺さなければならない。そして暴徒ほど有毒にして，有害な，また悪魔的なものはないのだということを忘れてはならない。狂犬を打ち殺さなければならないときと，事情は同じである」(WA.18, 358=CL 3,70,18-33. 渡辺茂・魚住昌義訳)。

　このような発言を見るとルターが確かに過激になりすぎ，守るべき節度を越えてしまったと言わざるを得ない。領主たちは実は，ルターに言われるまでもなく，農民をはるかに上回る残虐のかぎりを尽くしたのであった。事実，農民に対する暴虐と殺戮行為によってこの運動は挫折した。暴動の首謀者のミュンツァーは首をはねられた。農民は降伏したのに，あるところでは二万人が惨殺された。この戦慄すべき死刑を見て，ルターは『農民に対する苛酷な小著についての手紙』（1525年）を書いて弁明した。彼は領主たちについて「戦いのあとまでも血に飽きることができなかった暴虐にして狂気の常軌を逸した圧制者たち」と罵り，彼らを「殺戮を好む暴君」とか「暴虐強食欲漢」と呼んだ。この失敗によってルターは農民の信頼と支持のすべてを失い，彼の支持者は都市に限定されてしまった。農民はカトリックにもプロテスタントにも失望し，宗教に冷淡になったので，領土ごとの宗教に帰属する原理がきわめて容易に適用されるようになった。こうして領邦教会が生まれた。

10
最後の言葉「神の乞食」

（WA.TR.5,5677）

　「わたしたちは〔神の〕乞食である。本当にそうだ」。

　Wir sind pettler. Hoc est verum.

　これがルターが書き残した最後の言葉として伝えられている。彼は1546年に生地に近いアイスレーベンでの君侯の紛争問題を調停するために出向いていた。その年の2月8日早朝，病の床に伏せていたが，心臓の病で亡くなった。彼の亡骸はヴィッテンベルクに運ばれ，葬儀の後，城教会の説教壇の地下に埋葬された。死の床の傍らには上記のような言葉が一片の紙に記されており，それがルターの絶筆となった。この言葉が発せられた死の直前に彼は自分が幼年期を農家で過ごしたことを回想し，ウェルギリウスの『農耕詩』や学校で学んだキケロを想起している。「5年間，牧夫や農夫であったのでなければ，ウェルギリウスの牧歌や農耕詩を理解できまい。40年間，支配の重要な位置に就いていたのでなければ，キケロの書簡は理解できまい。預言者および使徒たちとともに100年間，教会を導いた者でなければ，聖書を十分に味わったとは言えない」（WA. TR. 5, 318, 2ff.）。こう言っ

てから「わたしたちは神の乞食である。ほんとうにそうだ」と述べたと伝えられている。

ルターが「わたしたちは神の乞食である」と述べたことを実はフランチェスコ（1181/2-1226）もかつて志していた。彼はアッシジの富裕な商人の子として生まれ，幸福な青年時代を過ごすが，戦争で捕虜となり，病に罹り，精神的葛藤の末，祈りと清貧生活に献身すべく決心する。一切の所有を捨てて彼は乞食となり，愛と奉仕と救霊の生活に入った。同時に「小さい兄弟たち」と呼ばれる同志とともに彼はフランチェスコ会を組織し，清貧・貞潔・服従の誓約を守り，教皇インノケンティウス三世によって修道会設立の認可を得た。1224年アルヴェルナ山で聖痕の秘跡を受領する。この出来事はまた「神の像」を体現することを意味した。「神の吟遊詩人」フランチェスコは子供のような快活さ・自由・信心により「キリストの模倣」という理想をもっとも純粋に実現した人であった。彼の理想と模倣は「貧しいキリスト」においてその実現が求められた。彼は貧困を通してキリストの姿を模倣し，キリストとの一体化を求めた[1]。

このようなフランチェスコの霊性についてアベール・ボナールは次のように述べている。

「フランチェスコは聖者である。聖性は最も語るに困難なものである。聖性とは焼き尽くされた偉大さである。

---

[1] この神秘的な経験と生活から彼は「キリストの人間性」，つまり「神の像」を見いだしている。たとえば有名な「太陽の讃歌」の第二節は「神の似姿」をもって太陽を讃えている。「我が主よ，汝のすべての被造物の故に讃美せられよ。わけても兄弟なる太陽の故に。彼は〈昼〉を与え，光をもたらす。彼は美しく，大いなる輝きをもて照り渡る。いと高き汝の似姿をもつ」。

10　最後の言葉「神の乞食」

　偉人が額の上に戴く冠を，聖者は下におろす。その黄金の冠の幻影が，自分の頭のまわりに，弱い光の輪となって消え残っているとも知らないで。偉大さはわれわれを追い抜く。聖者は最も惜しみなくおのれを与える魂であり，最もおのれを使い果たすことのない魂である。聖者はその愛徳によってはわれわれに属しているが，その祈りによってはわれわれの手の届かないところにいる」[2]。

　「聖性とは焼き尽くされた偉大さである」というのは人間的要素が燃え尽きた状態であって，ルターの言う自己否定と同じである。ところがルターの言う自己否定は「無から有を創造する神の行為」に一致して起こっているのに，フランチェスコの場合には「偉人が額の上に戴く冠を聖者はおろす」と言われる。この冠を下ろす行為が微光のように輪になって残っているばかりか，その徳行は惜しみなく人々に施される。それに反してルターの新しい聖人像は最初から冠を付けていない。彼は「神の道具」に過ぎない点に深い満足を覚える。それでも僅かに「神の同労者」の自覚が伴われているに過ぎない。

　このことはルターが死の直前に記した先の言葉によく示されている。フランチェスコの清貧の理想と模倣は「貧しいキリスト」においてその実現が求められた。彼は貧困を通してキリストの像を自己に刻みつけた。このような高徳な聖人は真に例外的な存在で，類例がないほどの輝きをもって高みに座している。それに対しルターの聖徒としての姿は「神の乞

---

　2)　アベール・ボナール『聖性の詩人フランチェスコ』大塚幸男訳，白水社，237-38頁。

食」であって，見る影もないほどに貧弱であるが，それでもその受容した聖性内容がすべてのキリスト教徒に授けられると，彼らはすべての信徒が神と人との間を執り成す存在，つまり「万人祭司」となっており，各自に委託された任務を喜んで引き受けるのである。ここにわたしたちは聖人の「民衆化」（democratization, Demokratisierung）が実現しているのを認めることができる。

11
「義人にして同時に罪人」

(WA.56,343,16-18)

「同じ一人の人間が全体として肉と霊とから成っているがゆえに、彼〔パウロ〕は自己の相反する部分に由来する両者の矛盾的対立を人間の全体に帰属させる。こうして同じ人間が霊的にしてしかも肉的、義人にしてしかも罪人、善にしてしかも悪であるという諸属性の交流が生じる」。

Sed quia ex carne et spiritu idem unus homo constat totalis, ideo toti homini tribuit utraque contraria, que ex contrariis sui partibus veniunt. Sic enim fit communio Ideomatum, quod idem homo est spiritualis et carnalis, Iustus et peccater, bonus et malus.

この定式は罪人を義とする神の義認から、しかももっぱら神のすばらしい行為から把握される。「だから、神の憐れみはすばらしく、極めて甘美である。神はわたしたちを同時に罪人であり、罪人でない者とみなし、罪は残存していて、同時に残存していない」(ibid., 270,9-11)。この「義人にして同時に罪人」には二つの視点が見られる。第一の視点は神

の義認の確実性の下に立って「罪人」を「義人」とする神の創造のわざから成立する。義認は現実の罪にもかかわらず無罪放免をなす神の法廷的判決である。しかし神の言葉は，アルトハウスも説くように，ルターでも「活動的言葉」（wirkendes Wort）として同時に新しい生命を造り出す。「神がその御言葉どおりにわたしたちを造りたもうとき，すなわち，義しく真実で賢くなしたもうとき，神はその御言葉によって勝利したもう。こうして神はその御言葉によってわたしたちを変革したもう」（ibid., 227, 2ff.）。この変革は神の言葉に対する信仰によって生じ，神の力は人間を有能で強力な者とする。それゆえ義認は単に法廷的判決にとどまらず，義人となす形成力でもある。それゆえ第一の視点は「義人にして同時に罪人」の定式の始原や出発点（initium; Anfang）であって，罪人が義人とされる神の創造的わざからこの定式が見られている。ところで，このように義人とされた者でもなお現実には罪人にとどまるという反省規定が入って来ざるを得ない。これが第二の視点を生みだす。しかも，この第二の視点が第一の視点のなかにすでに入っていて，始原（出発点）の状態の隠された緊張関係を形成している。たとえばルターが「現実には罪人であっても，憐れみたもう神の認定によって義人である。自覚することなく義人であるが，自覚的には不義なる者である。現実には罪人，希望において義人である」（ibid., 269,29-30.）と語る場合，第一の視点に続いて第二の視点が語られていると見るべきである。この始原の状態は「義の始原」（initium iustitiae）であって，半死半生の病人に対する善きサマリヤ人なるキリストの関係からルターはこれを説明し，神の義認に加えて神の約束と希望とを強調する。「希望において完全に救われているが，現実には罪人

11 「義人にして同時に罪人」

である。でも，義の始原をもっている。それは自己が絶えず不義なることを自覚して，いっそう不断に義を求めるためである」(ibid., 272,19-20.)。義の始原は神の完全性の現われとしての義認の確実性であるが，神の完全性が人間の不完全性を包んでいて，始原の弁証法が否定の契機を潜在的に内包していることが示される。この否定の契機が，キリスト者の生のなかで顕在化し，矛盾として自覚されて来る。

絶対的に矛盾対立する属性が生起交流するのは神の御霊を受けている霊的人間にのみ見られる現象であって，肉的人間には見当たらないとルターはいう (ibid., 343, 23)。したがって，このような矛盾的対立は心理学的もしくは形而上学的人間の区分によるものではないし，精神と身体のような部分的対立にも解消できない。そこには神に対し全人格的に関係する全体的人間のあり方の対立が説かれている。

> 「見よ，全く同一の人間が神の律法につかえ，同時に罪の律法につかえ，義人であって同時に罪を犯す。このような人はわたしの精神が神の律法につかえ，わたしの肉体が罪の律法につかえるとは言わないで，むしろわたしである全体的人間，つまり同じ人格が両方の奉仕のわざをなすと言う」(ibid., 347,2-6.)。

ここに「義人にして同時に罪人」の定式がほぼ完成しているのをわたしたちは見る。「義人」と「罪人」とが全体的に同一の人間に妥当するのは矛盾関係にあるだけではなく，矛盾したものが同時的に存在しているのだから逆説的でもある。しかも，一方を真とすれば他方は偽となる矛盾対立が，両方共に同時に全体として妥当するのだから，カントの説く

ジレンマに陥ると言えよう。それでは，この二律背反は全く克服できないものであろうか。義と不義は全く相容れぬもの，中間項が入り得ない矛盾の関係にあるため止揚（克服）不可能であっても，義人と罪人は人間的自覚の次元において矛盾を止揚して生きなければならない。ルターはこのような矛盾を止揚して生きるキリスト者の姿を病人の例をもって次のように語っている。

> 「今や見よ，以前に述べたごとく，聖徒たちは義人であると同時に罪人である。義人であるのは，キリストの義が彼らを覆い彼らに帰せられる，そのキリストを，彼らが信仰するからであり，罪人であるのは，彼らが律法を実現しないでおり，貪りなしではなくて，医師の治療の下にある患者のようであるから。彼らは現実には真に病人であるが，始原的に，かつ，希望において（inchoative et in spe）健康な人，あるいはむしろ健康にされた者，つまり健康に成りつつある者である。彼らにとって最大の害悪は健康の先取りである。なぜなら，そのようにするとさらに悪化して痛みが再発するからである」(ibid., 347, 8-14.)。

12
思想世界の構造

(WA.8.106,20-25)

　「信仰は賜物であり，罪に対立する内的な善であり，罪を清める。それは福音書では三サトンの粉の下に全く隠されている〔と述べられている〕パン種である（マタイ13・33参照）。それに対し神の恩恵は外的な善，神の好意，怒りの反対である。これらの二つはローマ書第5章（・15）で〈一人の人の罪過によって多くの人が死ぬことになったとしたら，ましてや神の恩恵と一人の人イエス・キリストの恩恵における賜物は，多くの人たちに満ちあふれる〉とあるように，区別される」。

　Quia fides est donum et bonum internum oppositum peccato, quod expurgat, et fermentum illud Evangelicum in tribus farinae satis absconditum. At gratia dei est externum bonum, favor dei, opposita irae. Haec duo sic Ro. v. distinguit: "Si enim unius delicto mortui multi sunt, multo magis gratia dei et donum in gratia unius hominis Iesu Christi in plures abundavit".

このテキストに明白に表現されているようにルターは『ラトムス論駁』(1521年)において対立している三種類の対（つい）関係から独自の思想世界を構想する。すなわち神の恩恵と怒り，福音と律法，信仰と罪が対をなす。律法と福音は人間に向けられた神の意志の表明（契約や言葉）である。このキリスト教の教義の中心概念をルターは同書で次のように関係づけた。「聖書はわたしたちの罪を二つの方法で扱っている。一つは神の律法によって，他は神の福音によってである。このことはわたしたちが罪から解放されるため，わたしたちを救うために秩序づけた神の二つの契約である」(WA.8,103,35-37)と。こうして第一の律法によって罪が認識され，神の怒りの下に呪われ，死すべき存在であることが自覚され，第二の福音によって救済される。しかも，このことは神の前における自己意識である良心の生と死にかかわっている。

　このようにルターは宗教思想の内的構造を神と良心の関係においてきわめて明瞭に提示した。この構造のなかに教義と霊性の関連が明らかになる。その際，「霊性」の代わりに「良心」の概念が使われた[1]。霊性と良心はともに「神の前」(coram Deo; vor Gott)での自己意識として概念内容が一致する。

　ところで，神と良心を縦軸として考えるなら次のような関係構造が見いだされる。

---

1)　良心は元来道徳的な概念であるが，同時に認識や判断の機能を備え，霊性とは機能的に近似している（金子晴勇『ルターの人間学』第2部，第4章「試練を受けた良心の神学」278-330頁参照）。

12　思想世界の構造

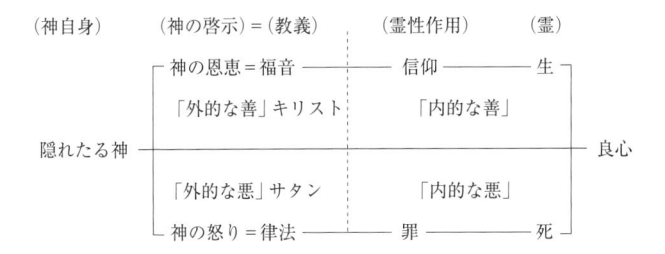

```
(神自身)   (神の啓示)=(教義)      (霊性作用)     (霊)
         ┌─神の恩恵＝福音─────信仰───────生─┐
         │   「外的な善」キリスト  │  「内的な善」      │
隠れたる神─┤                                          ├良心
         │   「外的な悪」サタン   │  「内的な悪」      │
         └─神の怒り＝律法────── 罪────────死─┘
```

　ルターの思想世界は二次元的構成からなるが，神自身と神の啓示とを分けて，荘厳のうちに「隠れたる神」を加えるならば，次元はさらに増加する。神の啓示のレベルは超越的なものであり，恩恵と怒りが，「外的な善」と「外的な悪」との対照において示され，信仰と罪が「内的な善」と「内的な悪」との対照において与えられる。これらの関連が『ラトムス論駁』（1521年）では次のように説明されている。

　「この恩恵は真に心の平和を生じさせるので，人間はその壊敗から癒され，恵み深い神をもっていると感じるようになる。これは骨を太らせ，良心に喜び，安心，大胆不敵さを授け，すべてを大胆になし，すべてをなすことができ，この神の恩恵に対する信頼のうちに死をもあざ笑うようになる」（WA.8,106,11-15）。

　怒りと恩恵はより大なるものであり，これが下位に立つ人間の良心に働きかけ，死と生の経験を生じさせる。このような構造のなかで「恩恵と賜物」との関係は「外－内」の関係にあるばかりか，外延関係でも捉えて，それが分離の関係ではなく，内属関係にあることが示される。ルターはまず「恩

恵における賜物」(donum in gratia) を問題にし,「使徒は一人の人の恩恵における賜物（donum in gratia）をキリストに対する信仰（fides Christi）と呼ぶ（彼はこの信仰をさらに頻繁に賜物と呼ぶ）。それはキリストの恩恵を通してわたしたちに与えられているからと言う。さらに恩恵と賜物との関係をヨハネ福音書の「わたしたちは皆この方の満ちあふれる豊かさのなかから，恩恵の上に（pro gratiam）さらに恩恵を（gratiam）受けた」（ヨハネ1・16）から，「恩恵の上にさらに恩恵を」とある意味は「どんな恩恵を，どんな恩恵の上になのか」と問うてから，それは「神がキリストに好意をもつ〈キリストの恩恵の上に〉（pro gratia Christi），神がわたしたちに好意をもつために，さらに〈わたしたちの恩恵を〉（gratiam nostram）なのである」（WA.8,106,33-34）と言う。それゆえ「わたしたちの恩恵」とはわたしたちを救い清める「賜物」なのである。

13
キリスト者の自由の真義

(WA.7,39,6-10)

　「キリスト教的な人間は自分自身において生きるのではなく，キリストと彼の隣人とにおいて，つまりキリストにおいては信仰を通して，隣人においては愛を通して生きる。彼は信仰によって，高く己れを超えて神へと昇り，神から愛によって再び己れの下に降り，しかも常に神と神的な愛のうちにとどまる」。

　das eyn Christen mensch lebt nit ynn yhm selb, sondern ynn Christo und seynem nehstenn, ynn Christo durch den glauben, ym nehsten durch die liebe: durch den glauben feret er uber sich yn gott, auss gott feret er widder unter sich durch die liebe, und bleybt doch ymmer ynn gott und gottlicher liebe.

　1520年に出版された『キリスト者の自由』はルターの改革文書のなかでもっとも有名な小冊子であって，彼の人間観の全体像がきわめて簡潔に力強く説かれている。その中心は「キリスト教的人間とは何か。またキリストが彼のために獲得し与えたもうた自由とはいかなるものであるか」という冒

頭の言葉によく示されている。では彼の言う「キリスト教的人間」とは何か。ここでは彼がどのようにそれを把捉しているかを顧みてみたい。

この問いに対するルターの解答が有名になった次の二つの命題によって提示される。

> 「キリスト者はすべてのものの上に立つ自由な主人であって，誰にも従属しない。
> キリスト者はすべてのものに奉仕する下僕であって，誰にも従属する」（WA.7,21,1-4）。

この二つの命題はキリスト者を「自由な主人」と捉えながらも，同時に「奉仕する下僕」すなわち「奴隷」とみなしている。それゆえ相互に矛盾的に対立する規定がキリスト教的人間に与えられている。実際，「主人と奴隷」という関係は古代奴隷制社会の階級的対立を示しており，16世紀の農民も農奴に近い状態に置かれていて領主と対立し，一方が自由なら他方は不自由となる対立を含意する。この相互に矛盾する人間の規定は，人間が「霊的と身体的との二様の本性」からなる存在であるという人間学的二分法によって解明されている。

キリスト者が霊において信仰により「自由な主人」であり，身体において愛により「奉仕する下僕」であるという主張が，いかなる人間学的基礎にもとづいているかも明らかになった。「人間は内面では，魂の面では信仰により十分に義とされ，もつべきものはみなもってはいるが，なお，この世では身体的生活にとどまっており，自己の身体を統制し，人々と交渉しなければならない」（WA.7,30,11-13）と彼は語

り，霊によって統制された身体的な人間，つまり奉仕する存在のなかに霊的人間の姿を捉えている。これこそ「キリスト教的人間」にほかならない。

　ルターはこの「自由」と「奴隷」との矛盾を内的な信仰と外的な愛のわざとに分けて論じてゆき，この書物の終わりのところで，キリスト者は信仰によって神から自由を授けられており，もはや「自己自身において生きるのではなく，キリストと自己の隣人とにおいて，すなわちキリストにおいては信仰を通して，隣人においては愛を通して生きる」（WA7,.21,1-4）と説いた。こうしてキリスト教的な自由とは結局「自己自身において生きない」（lebt nit ynn yhm selb）ような「自己からの自由」として考えられ，これなしには「信仰」も「愛」もなく，ただ自己主張のみがすべてを支配するようになる。したがってパウロの言葉「自分の利益を求めない」（Ⅰコリント 13・5）という愛はルターによって「自己のために生きない」と語られる。わたしたちはここで近代的な主体性が自己主張欲に変質したことによって元来は肯定的意味を有した世俗化が否定的な世俗主義に変貌し，宗教を社会から締め出す世俗化現象を引き起こしたことを想起すべきである。

　だが，宗教をも自己のために利用している人間があるかも知れない。こうした宗教的な社会での堕落は絶えず起こっている。これはベルナールの言う自己愛に染まった「貪欲の愛」に他ならない。それゆえルターの言う「自己からの自由」を授けられた人は，神のために生きているとは断言しないであろう。というのもルターによると神は人から善いわざを奉納してもらいたいとは思わないからである。自分のために何かをしてくれるように願うほど神は貧弱な存在ではな

い。こうして自分のためにも神のためにも生きないとしたら、わたしたちはすべてをあげて隣人のために生きざるを得ない。この他者への奉仕にこそ霊的な信仰の本質がよく表明されている。

　ルターは真の自由をこのような自己中心的な罪からの解放とみて、「もはや自己のために生きない」と先に語った。信仰はこのように自己を解放し、自己を超えて高く飛翔し、神にまで昇り、さらにそこから愛によって下降し、隣人のあいだに立って働くため、キリスト者は他者との共同の生を志す実践的主体となる。この自由を彼は「あたかも天が高く地を超えているように、高くあらゆる他の自由に優っている自由」（WA.7,38,14-15）と呼んでいる。

14
スコラ神学との対決と超克

(WA.56,502,14-20)

「この誤謬全体の実質はペラギウス主義的見解である。というのは今日ではだれもペラギウス主義を表明したり，名乗ったりしていないにしても，多くの人たちは，事態的にも見解においても，たとえそれと気づいていなくても，実際そうなっている。彼らは，恩恵を受けるに先立って，自己にできるかぎりをなすこと（facere, quod in se est）を自由意志に帰さないとしたなら，自分が神によって罪〔を犯すよう〕に強制され，必然的に罪を犯す，と考える。このように判断するのは不敬虔のきわみであるのに，彼らは善い意図を形成するならば，神の恩恵の注ぎを誤ることなく獲得するであろうと，平気でかつ大胆にも考えている」。

Huius autem erroris tota substantia est Pelagiana opinio. Nam etsi nunc Nulli sunt Pelagiani professione et tituto, plurimi tamen sunt re vera et opinione , licet ignoranter, Ut sunt, Qui nisi Libertati arbitrii tribuant facere, quod in se est, ante gratiam, putant sese cogi a Deo ad peccatum et necessario peccare. Quod cum sit Impiissimum sentire, putant secure et audacter, Quod cum bonam intentionem forment, infallibiter Dei gratiam obtinuerint infusam

　一般的に言って，義認，つまり神によって義人と認定され，判断されることが修道の目的であったが，ここでは義認への準備についてオッカム主義者ガブリエル・ビールの学説がもっとも重要である。その際，スコラ神学の公理「自己の中にあるかぎりをなしている人に対し神は誤ることなく恩恵を注ぎたもう」(Facienti, quod in se est infallibiter Deus infundit gratiam) の理解が大問題となった。スコラ神学の最大の権威者トマス・アクィナスは，この義認のための準備が神の恩恵と自由意志との協働によって行なわれると初め説いたが，後に恩恵の先行性を強調し，この命題では恩恵を受けるに値する功績が自由意志に帰せられているのではない，なぜなら恩恵は無償で与えられるから，と説くにいたった。それに対しオッカムとビールにおいては義認への準備を自由意志の功績に帰する解釈がなされた。恩恵は救いと善いわざにとって必要であるが，信仰の行為の発端はもっぱら自由意志にかかっていると説いたセミ・ペラギウス主義の特質が彼らによって明瞭に支持された。つまりビールは義認への準備が，聖霊の特別な働きによっても支えられていない自然的人間の自由意志によってまず開始されると主張した。彼は『コレクトリウム』で次のように言う。

　「魂は自由意志により障害をとりのぞき，神に向かう善い運動によって呼び起こされるならば，最初の恩恵に合宜的に (de congruo) 値することができる。そこから次のことが明らかになる。神は自己の中にあるかぎりをなしているわざを

14 スコラ神学との対決と超克

最初の恩恵を与えるために受け入れたもうが,それも義に相当しているからではなく,神の寛大さからなのである。ところが魂は障害をとりのぞいて,罪の行為と罪への同意とをやめ,神に向かい,自己の根源と目的に向かうように,善い運動を起こすならば,自己の中にあるかぎりをなしているのである。だから障害をとりのぞく行為と神に向かう善い運動とを,神はその寛大さから恩恵を注ぎ入れるべく受け入れたもう」[1]。

このビールの主張によく示されているように義認への準備とは自由意志によって罪に同意することをやめ,神に向かって立ち返ることであり,これが「自己の中にあるかぎりをなす」,つまり最善を尽くすことの意味である。こういう準備行為によって恩恵を注ぎ込まれるに値するといっても,そこには一つの制限が与えられる。すなわち,この準備もしくは功績は「合宜的」恩恵に値する功績であって,「応報的」(de condigno)に当然の報酬として恩恵に値するのではないと主張されている。当然の報酬として応報的に功績を立てるのはペラギウス主義と呼ばれる異端である。しかしビールの言う「合宜的」とは「神の寛大さにもとづく受納」を意味し,「相当分以上」の恩恵が神のあわれみによって与えられること言う。ここにわたしたちはビールのキリスト教的福音の使信を見ることができる。

だがルターのオッカム主義との対決は,初期の聖書講解で行なわれ,スコラ神学の公理とも言うべきオッカムの契約神学の命題「自己にできるかぎりをなす」の誤謬を徹底的に批判している。『ローマ書講解』(1515-6)では冒頭に引用した

---

1) G.Biel, *Lib. II Sent.*, dis. 27, qu. 1, art.2, c.4

ような批判がなされた。それに続けて彼は言う,「それに対し真実に善を行なっている人は, 人間が自分自身からは何もなし得ないことを, 知っている。したがって,〈自己にできるかぎりをなしている人に, 神は誤りなく恩恵を注ぎたもう〉と言われる慣用となった命題は全く馬鹿げており, ペラギウス主義の誤謬を熱心に弁護するものである。その際,〈自己にできるかぎりをなす〉という語句によって何かを行なう, また行ない得ると解されている。こうして実際, 教会全体は明らかにこの言葉への信頼によっておおかた滅ぼされている」(WA.56,502,14ff.)。その際, 彼は自由意志と言われるものは奴隷意志であることを指摘する。

「恩恵の外に立てられた自由意志が, 義に向かう能力をまったくもっていない。それはむしろ必然的に罪のうちにある。それゆえ聖アウグスティヌスは『ユリアヌス論駁』という書物のなかで, 自由意志を呼んで,〈自由なというよりもむしろ奴隷的な意志〉と正当にも述べている。ところで, すくなくとも救済に関して言うならば, 恩恵を得ることによって元来意志は自由となるのである。意志は本性上いつも自由であるにしても, それは自分の力の及ぶ範囲内にあるものと自己の下位に立つものとに関して自由であるが, 自己の上位に立っているものに関してではない。なぜなら, それは罪の捕虜となっていて, 神に従って善を選ぶことがそのときできないからである」(ibid., 385,15ff.)。

このようにルターは意志が本性上自由であることを認める。しかし, その自由は無制限のものではなく, 神関係においては救済論的に実質を欠いているがゆえに, 人間的限界をこえて拡大された, その越権的使用を彼は厳しく批判したに過ぎなかったのである。

15
思弁的神秘主義との対決

(WA.56,299,23-4; 299,27-300,7)

「神に接近するためにはただキリストによって十分備えられている，とわたしたちは確信すべきである。……ここでは『神秘神学』にしたがって内なる暗闇の中に向かうように努め，キリストの受肉した姿を見捨てる人々に関係している。この人々はまず受肉した御言により義とされ，心の目を浄められていないのに，創られたのではない御言自体に聞きそれを観照しようとする。〔それは間違っている〕なぜなら，まず心を清めるために受肉した御言が必要なのであって，清めを得てから初めて受肉した御言を通して創られたのではない御言の方に飛翔によって拉し去られる（rapi）のであるから。だが，もし神から呼ばれており，使徒パウロとともに神によって拉致されていないとしたら，だれが一体そこへ向かって近づこうとするほどに自分が清いと思っているであろうか。……要するに，この拉致（raptus）は〈接近〉（accessus）とは呼ばれない」。

per Christum solum sufficientes nos confidamus ad accessum Dei.……Hinc etiam tanguntur ii, Qui secundum mysticam theologiam in tenebras interiores nituntur omissis imaginibus passionis Christi, Ipsum Verbum increatum audire et contemplari volentes, Sed nondum prius Iustificatis et purgatis oculis cordis per verbum incarnatum. Verbum enim Incarnatum ad puritatem primo cordis est necessarium, qua habita tunc demum per ipsum rapi in verbum increatum per Anagogen. Sed quis tam esse mundus sibi videtur, ut ad hoc audeat aspirare, Nisi vocetur et rapiatur a Deo cum Apostolo Paulo.……Denique raptus ille non 'accessus' vocatur.

　ここに挙げられている『神秘神学』はディオニシオス・アレオパギテースの著作を指しており，ルターはキリストへの信仰によらないで，神秘的「否定の道」によって神に直接触れようとする神秘主義者の説く「接近」を批判し，拒絶する。否定の道は人間の精神と知性を超えた「暗闇」のなかにいる神に向かって，直接，無媒介に触れようとする。このように「接近」が人間の能動的な作用であるのに対し，神によって捉えられる「拉致」という最高の神秘体験は，神の側からの働きかけによって生じ，信仰によって受容されるがゆえに，受動的である。ここに「受動的な義」という特質をもつ彼の信仰義認論から神秘思想も批判されていることが知られる。しかも人間を義とするのはキリストの人格的な働きであるから，信仰によってキリストと一体となる「信仰神秘主義」もしくは「キリスト神秘主義」でなければならない。

15 思弁的神秘主義との対決

　彼は最初ディオニシオス・アレオパギテースの著作をスコラ学の伝統にしたがって尊重し，高く評価していたが，やがてそれに疑問をいだくようになり，最後には決定的に批判するようになった。彼は当時流布していた神秘神学を高く評価しており，「否定的方法は完璧なもの（perfectissima）である」（WA.3,372,18）と考えていた。とりわけ神の絶対的な超越性と理性にとって闇である隠れのゆえに，その否定神学に引き寄せられていた。被造物から絶対的に隔絶された深淵的な神の表象は，否定的にしか語りえないものであり，神は近寄りがたい存在として捉えられていた。この理性の能力を超えた神の「闇」（tenebrae, ディオニシオスでは caligo「暗闇」）は，ルターの「隠された神」（deus absconditus）と根源を等しくしていると考えられた。したがって『ローマ書講義』において「神の知恵は隠されており，この世にとって知られ得ない」（WA.56,237,20），また「知られざるもの，隠れたるもの，内なる闇に向ける」（ibid.,374,15-6）と語られ，「わたしたちの善は隠されており，しかも矛盾の相の下に隠されているように深い」（ibid.,392,28-9）と言われるとき，ディオニシオスの影響を認めざるを得ない。

　ルターの最初の講義である『第一回詩編講義』ではディオニシオスの神秘主義は肯定的に受容されているが，それでもすでに批判的な視点が伏在していた。その受容過程は知性の認識力を超えた神の概念について「暗闇」の表象が用いられているところにその影響の跡がしるされている。

　次の『ローマ書講義』（1515-16 年）になると彼の批判が顕在化する。この講義では信仰義認の確信が高まってきて，ディオニシオスの神秘神学を名指しで批判するようになった。冒頭に引用されたテキストに彼の批判が示されている。

こうしてディオニシオスに対する批判はルターの内で次第に高まっていき、ついに『教会のバビロン捕囚』(1520年)では「もしあなたが率直に読んで判断するなら、すべては彼による想像であり、夢のようなものではないのか。きわめて無知な或る神学者たちが大変自慢している『神秘神学』については、彼はキリスト者よりもプラトンの徒であるので、確かに危険この上もないがゆえに、信仰ある魂がこの書を理解しようと尽力したりすることをわたしは望まない」(WA.6,562,7-11) と言う。さらに『第二回詩編講義』(Operationes in Psalmos,1519-21) になると激烈な排撃にまでいたった。「神秘神学についてのディオニシオスの注解がイタリアでもドイツでも至る所に持ち回られているので、このことを警戒するために述べておきたい。つまり、それは自分自身を吹聴し見せびらかす知識の単なる刺激物にすぎず、人がこれを読み、理解し、教えても、あるいは理解し教えていると思ったとしても、誰も自分が神秘主義の神学者であると確信できない。生きること、かえって死ぬこと、罪に定められることによって神学者と成るのであって、理解したり、読んだり、思弁に耽ったりすることによってそう成るのではない (Vivendo, immo moriendo et damnando fit theologus, non intelligendo, legendo aut speculando)」(WA.5,163,24-29: Archiv zur WA. Bd.II,Teil I,295-6)。終わりの言葉にはルターの非思弁的な神学的基本姿勢が明瞭に提示されている。

16
キリスト神秘主義

(WA.7,25,26-33)

　「信仰は魂をして,あたかも花嫁をその花婿に娶あわすようにキリストと一つとならしめる(voreynigt)。この婚姻の結果として,聖パウロのいうように,キリストと魂とは一体(eyn leyb)となり,したがって両者各々の所有も幸運も不運も,あらゆるものが共有され,キリストの所有したもうものは信仰ある魂のものとなり,魂の所有するものがキリストのものとなる」。

　Nit allein gibt der glaube……voreynigt auch die seele mit Christo, als eyne brawt mit yhrem breudgam. Auss wilcher ehe folgt, wie S.Paulus sagt, das Christus und die seel eyn leyb werden, so werden auch beyder gutter fall, unfall und alle ding gemeyn, das was Christus hatt, das ist eygen der glaubigen seele, was die seele hatt, wirt eygen Christi.

　使徒パウロこの方,「キリストとの合一」を説く思想は「キリスト神秘主義」と命名されるようになった。一般的にいって神秘主義は神的存在と触れ合う経験に基づいて成立す

る。ドイツ神秘主義の伝統においてはこの経験は「神秘的合一」(unio mystica) によって言い表される。そこでは神もしくは神性との直接的な合一がめざされていたが、ルターの神秘的な経験において神との直接無媒介の関係は否定され、試練から救われることを求めて、聖霊の助けによってキリストと霊において一つとなる救済経験に到達した。それゆえこの神秘的な合一は「神−神秘主義」ではなくて、「キリスト−神秘主義」という性格規定を根本からもっている。この特質はルターの神秘思想が信仰によるキリストとの交わりによって成立するということから、「信仰神秘主義」とも「交わりの神秘主義」としても考察できるが、わたしたちはキリストと信徒との親密な人格的関係を端的に表明している「花嫁神秘主義」(Braut-mystik) の観点から「キリスト神秘主義」と呼ぶべきである。というのは花婿と花嫁との関係は聖書に展開する父子関係よりもいっそう親密なる人格関係として考えられていたからである。父子の関係は聖書の時代の奴隷制社会に支配的であった「主人と奴隷」の関係、つまり主−奴関係を根底からくつがえすものであったが、そこには上下の関係が依然として浸透している。それに対して花婿と花嫁との関係は、旧約聖書の『雅歌』で歌われているように、人格間の内面的で親密なる関係を言い表わすのに適している。この雅歌によって神秘思想を表現している「花嫁神秘主義」はクレルヴォーのベルナールによって創始されており、ルターは青年時代からその伝統の影響を受けていた。

　冒頭の引用文は『キリスト者の自由』から採ったが、ルターはこの書で自分の基本思想を能うかぎり簡潔にまとめあげている。事実、信仰によって義とされるという彼の中心思想である義認論は、罪人のままで無罪放免される法廷的

な「義認」と考えられていると同時に，そこにはキリストと魂とが「一つとなる」神秘的な「ウニオ（unio）」（合一）が必ず力説されている。この合一によって「喜ばしい交換と奪い合い」(frölich Wechsel und streytt) が成立している。こういう働きをもたらす信仰は人格間の信頼において生じ，それは信仰による神との内面的な霊的一致において得られる。したがって，この信仰は「結婚指輪」の比喩によって花婿と花嫁とを結ぶ働きであると説明される。次いで決定的にこう言われる。「このように富裕な高貴な義なる花婿キリストが貧しい卑しい賤婦を娶って，あらゆる悪からこれを解放し，あらゆる善きものをもってこれを飾りたもうのだとしたら，それは何とすばらしい取引きではないか」(ibid.,26,4-7)。ここでの花婿と花嫁との結婚はキリストが「富裕な高貴な義なる花婿」(der reyche edle, frummer breudgam Christus) であるのに対し魂のほうは「貧しい卑しい悪い賤婦」(das arm vorachte bösses hürlein) であると規定されている。それゆえ両者の結合関係は完全に「逆対応」となっている。さらにキリストに対する信仰に生きる者は同時に「一人のキリスト」(ein Christen) として隣人愛に立ち向かう (ibid.,35,34)。ここに花嫁神秘主義がその本質において実践的であり，観想と活動の生活を統合していることが明らかである。

　こうした一体となる働きは，15世紀の神学者ジェルソンが力説し，ルターの師シュタウピッツが深化させたように，愛の力によっている。結合する愛の本性について「キリストと教会は一つの体である。それは一つの体における二つである。愛されている二つであり，愛されている一つである。というのは愛はその本性からして愛している者たちを一つにし，愛において一つとなるから。それゆえに主と教会とは一

体であり,頭と体とは神秘的な一つのキリストである。また こうして愛されている一つである」(WA.,3, 254, 25-9) と言 われている。こうしてキリストと教会とには「そこに相互的 な力が働いて一つに結びついている」(ibid.,120,24-5;253,19-20)。もちろん一体となす愛の力は霊的な作用なのであって, 身体的でも物体的でもない。実際「霊的なものは分離してい るものを一つに集める」(ibid.,151,39) からである。

　このような花婿キリストと花嫁である魂との一体の思想は キリストと教会の間でも主張されてきた。旧約聖書の『雅 歌』の花嫁も個人の魂よりもイスラエル共同体として考えら れており,聖書学者ルターは最初から神と教会の関係として それを把握していた。

17
信仰義認論

（WA.54,185ff.=CL.4,427,37-41）

　「わたしは〈神の義〉がここでは義人が神の贈物により，つまり信仰によって生きるさいの，その義であり，福音によって神の義が啓示されているという，この〔義という〕言葉が明らかに〈受動的〉であって，それによって神はあわれみをもって信仰によってわたしたちを義とすると，理解しはじめた」

　ibi iustitiam Dei coepi intelligere eam, qua iustus dono Dei vivit, nempe ex fide, et esse hanc sententiam, revelari per evangelium iustitiam Dei, scilicet passivam, qua nos Deus misericors iustificat per fidem.

　ルターは1545年のラテン語版の全集に寄せられた序文の自伝的部分で神の義の発見について語り，彼の根本思想である「信仰義認」を「神の受動的な義」として捉えた。彼はこの引用文において「神の義」の新しい認識について語り，「神の義」というのは，神がそれによって罪人を裁く審判の正義ではなく，キリストの福音のゆえに罪人を義人とみなす，したがって人間の側からは信仰によって与えられる「受動的な義」（iustitia passiva）である，と説いた。これは行為

による義認というスコラ神学の一般的な救済論とは正反対の認識であった。

ルターはこの義を『ガラテヤ書講義』(1531) において「受動的な義」と命名した。そこでこの言葉の正確な意味を知り，宗教改革の時代から今日に至るまで常に誤解されている点があるならば，それを修正しなければならない。神との関係で人間が「受動的」(passivus) であるというのは，あくまでも「能動的義」(iustitia activa) の「能動的」と対立する。能動的義は行為によって神の義認にいたる功績主義の立場を言う。それはオッカムとビールの義認への準備についての主張のなかに典型的に示されていた。ルターもはじめはこの精神に従って求道と修練の道を歩んで来たが，『ローマ書講義』(1515-16) がなされた頃にはこういう立場を完全に克服していた。

彼の根本思想である信仰義認という教えは聖書から今日に至るまでキリスト教会で説かれてきたものであるが，ルターによって初めてもっとも重要な教義として力説されたのである。ルターはローマの信徒への手紙4・7の講解で義認を次のように説明した。「実際，罪があっても見られず，注目されず責めを帰せられない場合には，罪は覆われている。それゆえ〔罪が〕取り除かれるということ，そればかりか取り除かれた者となっているというのは，つまり自分の能力によって自由にされているのではなく，神が能動的に働き，自己においては受動的にふるまうことによって自由にされることを言う」(WA.56, 277, 24-27)。だがこの神関係における「授受の関係」は彼によると神の本性に由来する。彼は言う，

「神は自己の賜物を授けるに先立ってわたしたちのうち

にあるものは何であれ，まず破壊し絶滅するということが神の本性であるから，このようなすべてのことをなしたもうのである。……わたしたちの計画がやみ，わたしたちのわざが鎮まり，わたしたちが全く受動的な神関係に立つとき，わたしたちは神のわざと計画を受け入れるものとなっている」（WA.56,375,18-19; 23-24）。

　では歴史的に見てルターの義認論の最大の成果は何であろうか。それは「義」，つまり「正義」の新しい発見であったといえよう。一般に哲学的な正義は政治的な配分の正義にもとづいている。プラトンやアリストテレスが説いた正義は，ある行為に対する配分が適正であること，つまり応報的・計算的な正しさを意味していた。ここから道徳主義とか功績主義といわれている立場も生まれて来るが，ルターはこの道を歩んで行きながらも，それとは全く異質な「義」の理解に達したのであった。彼は道徳主義的な義と福音主義的な義との相違を知り，罪人を罪人のままで義人と宣告する神の「宣義」，つまり無罪放免をキリストのゆえに言い渡す神の義の新しい理解に達した。したがって人間には罪によって傷つき血を流した状態のままで神が与えたもう清い白衣を着せられ，自分自身がいかに罪に汚れ，無力で醜くとも，神の愛に感激して生きることができる。これが「信仰による義」，つまり「信仰義認」という彼の教えの中心思想である。

　こうして「義」は人間の義しい性質や状態また成果でもなくて，神との人格的な「間柄」を言い表わすものとなっている。神と人，人と人との「間柄」という関係存在において，たとえ性質，状態，成果において何ら見るべきものがなくとも，いな，ときには相反する様相を呈していても，独自の義

を把捉できるということは、人間についての新しい視点を提供し、人間の新しい次元を拓くものではなかろうか。

　これに対し人文主義の精神は、たとえエラスムスにおいて頂点に達しているような宗教性を深めていても、「人間の尊厳」に立つかぎり、道徳的な人格性を主張せざるを得ないであろう。この人間的な義は、人類的視点からいっそう普遍的な義であると考えられよう。またこの類的な義は「間柄的」な種的な義よりもいっそう高いであろう。しかし人文主義の高い理想は少数の知的エリートにのみ実現が可能であって、ルターがとらえている人間の現実から遊離する傾向をもち、観念的な幻想に陥りやすいことは否定できないであろう。

18
義認と聖化の問題

（WA.40,II,428-429）

「義とされた者たちにおける新しい服従がわたしたちを聖化する聖霊（spiritus sanctificans nos）の中で日毎に心を成長させる。御霊が身体の行動を治めるために前進していって，本能的な欲望が追い出され，精神は忍耐とその他の道徳的徳に習熟するようになる」[1]。

nova obedientia in iustificatis secum afferat, ut cor quotidie crescat in spiritu santificante nos, ……progrediatur spiritus etiam ad gubernationem actionum corporis, ut eiiciatur libido, assuescat animus ad patientiam et alias morales virtutes etc.

ルターの信仰義認論はカトリックの側から直ちに批判を受けることになった。宗教改革の運動によって打撃を受けたカトリック教会は失地を挽回するためトリエントの公会議を開いて対抗改革の精神と理想とをかかげ，近代カトリック教会の基礎を築いた。その中でもルターの義認論に対する批判は

---

1) ルター『主よ，あわれみたまえ——詩編 51 編の講解』金子晴勇訳，教文館，165 頁。

まことに手厳しいものであった[2]。この公会議に招集された神学者たちは，義認に対する準備が人間の自由意志によってなされるので，神の恩恵と自由意志との協働によって義認は成立すると考えたばかりでなく，この義認は単なる罪の赦しに留まるのではなく，そこには聖化が伴わなければならないと説いた。聖化とは「恩恵と賜物とを意志的に受容することによる内的人間の聖化と更新なのである」と説いた（「義認についての決定」[3]第七章）。したがって義認は単なる無罪放免の宣義ではなく，意志によって受容されて聖化をもたらす「成義」（Gerechtmachung）であり，それは「各人自身の準備と協働にもとづいて」生じる。このような協働説に立ってルターの信仰義認論に対する「破門」（anathema）がペラギウス主義に対するのと同様に連発された。さらに「信仰によるのみ」（sola-fide）のプロテスタントの原理まで次のように弾劾された。「もしだれにせよ，不敬虔な者が信仰によってのみ義とされると，こうして義認の恩恵をうるように協働するためには信仰以外の何ものも求められていないなら，また自分の意志の運動をもって準備し具える必要は全くないと主張するならば，破門されるべきである」（同9章）。

このようなトリエントの公会議の精神に立って岩下壮一は「成聖（sanctification）の神学」を樹立し，プロテスタント神学のように義認において倫理的な要素を否定するならば，義認の内容が失われ，神学としての豊かさが失われる，と説いた。もちろん岩下がカトリックの神学者として，人間の側

---

2) この批判は今日では第2バチカン公会議より撤回され，カトリックとプロテスタントとの合意をみるに至った。『義認の教理に関する共同宣言』2004年，教文館参照。

3) P.Schaff ed., *Creeds of Christendum*, vol. II, p.89-118.

での人間学的考察や倫理的関わり方を重視しているのは当然と言うべきであろう。しかし宗教改革が問うた信仰義認を彼が果して十分に理解していたかどうかという疑義が残る。なぜならルターが義認を宣義において捉え，自由意志による神との協働を拒否しなければならなかった理由を彼は理解していないからである。もし彼が単に公会議の決定にしたがって聖化の神学を唱えるならば，それは伝統的な権威主義的カトリック神学にとどまっているとみなされよう。

　聖化の神学の問題点は，宗教と倫理とでは聖の観念が相違しているにもかかわらず，宗教が道徳化されて，聖なるものが合理化されることによって倫理の領域に闖入していることである。たとえばファリサイ派の人はもと「分離されたもの」，つまり「聖別されたもの」という宗教的表象から自己の名称を得ていても，実際には律法を単に外面的に厳守し，自らを清い者と考えていた。またキリスト教徒が「聖徒」と呼ばれるとき，これを道徳的に清い「聖人」とみなすならば，同様のことが生じる。キリスト者は，たとえ罪に陥りやすくとも，神との関係のゆえに彼に聖性が帰せられる。これこそ宣義としての義認を意味し，キリスト者の「性質の変化」である「聖化」ではなく，「神の子」としての身分という「存在の変化」を言っている。

　たしかにわたしたちは聖なる神との関係に入れられると，その交わりによって次第に聖い者となることは可能である。これは一般に「漸進的聖化」と言われ，キリスト教会において広く認められている。ここに宣義とは異なる創造的な成義の意味がある。したがって「宣義」の法廷的表象「義と判定する」は聖なるものの宗教的，超越的契機をあらわし，「成義」はそこから派生する倫理的発展である漸進的聖化の実現

をあらわしている。前者が罪責の除去を，後者が汚れの除去をそれぞれ内容としており，両者の関係を義認の出発点とその漸次的発展と考えるならば両者は決して矛盾しない。したがってルターは前者を神の行為としてその完全性において把握し，カトリック教会の協働説を否定したが，病める人が次第に健康を回復してゆくことが彼によって認められているかぎり，彼は聖化を決して無視していない。しかし成聖の神学が救いに対し自由意志の働く余地を認め，協働説に立つかぎり，ルターとは決定的に対立しており，さらに「成聖」が「全き聖化」としての「完全」を説くような場合には，神の聖霊の援助によってそれが可能であることは神的可能性として認められても，現世においては希望の下にあると考えなければならない。

19
憂愁と悲嘆の意義

(WA.TR.1,122)

　「そこでわたしは，〈お前のほかには誰もそのような試練と葛藤（tentatio und Anfechtung）をもっていないのだ〉と考えた。そのときわたしは死骸のようになった。このようにわたしが悲嘆に打ち沈んでいたので，ついにシュタウピッツ博士が食事のとき，わたしのところにきて語った。〈兄弟マルティンよ，あなたはどうしてそんなに悲嘆するのか〉と」。

　Da dachte ich: Diese Anfechtung hat niemand als du! Da wurde ich wie eine Leiche. Schliesslich fängt Staupitz zu mir über den Tisch an, als ich so traurig und niedergeschlagen war; "Warum seid Ihr so traurig ?

　これはルターとその師シュタウピッツとの会話の一節である。その中には憂愁と悲嘆にくれたルターの姿が示されており，彼がこういう情念に圧倒されていたため，シュタウピッツに救いを求めたのであった。彼によるとこの種の悲嘆は「戦慄する恐ろしい想念」であって，『ガラテヤ書講解』には，「わたしは修道士の境遇にいっそう深く入っていって狂

気・妄想・精神錯乱にいたるまでになった」(WA.40,I,134) と記されている。

　ルターの憂愁と悲嘆の意義はこの情念が過度に高まる点に求められる。この点は悪魔との関連でよく提示されている。ルターにとって悪魔は「憂愁の霊」(Geist der Schwermut) と言われるように、人間が犯した小さな罪から途方もなく大きな地獄をつくりだし、憂愁と悲嘆の淵に人を沈めると説かれた。こうして絶望へと人間を追いやるのが悪魔的試練である。「悪魔は罪を法外に大きくしうる能力をもっているので、試練に遭った人が苦闘して、神の怒りと絶望のほか何も感じないようになるまでその攻撃に全く屈服してしまうと考えるように悪魔に影響されてはならない。ここでは自分の気分に決して従ってはいけない」(WA.40,II,98,31-34)。それゆえ「悪魔は困窮せる良心を過度の悲嘆によって死にいたらせようとする」(WA.40,I,320,19) とある。

　ルターにとって悪魔は人間の外部から人間の心を襲撃して絶望に駆り立てる生ける力であり、良心を「過度の悲嘆」で死に至らせ、さらにキリストの姿に変装して、神からの救いと慰めを奪い去り、罪を過大視して良心を苦悩の底に沈める。こうして憂愁の試練においては良心は孤独のうちに呻いており、もはや言葉に表わし得ない実存の問いそのものとなる。この憂愁の試練は人間を破滅させる恐ろしいものであって、それ自体で何らかの意義をもっているのではない。悪魔の攻撃によって破滅に瀕している人は、もはや自分の力で立てないのであるが、この経験を通して、ただ神の恩恵に対する信仰によってのみ生きるとの自覚に到達できる。こうした信仰のゆえに試練にも意義が発生する。「人間が今やこのように破滅し、人間のすべての力、わざ、存在において無とな

19　憂愁と悲嘆の意義

り，一人の悲惨な，呪われた，棄てられた罪人にほかならなくなるとき，神の援けと力とが到来する」(WA.1,160,15-17)。

　こうしてわたしたちは試練の只中において人は恵みの神と出会うことが可能となる。試練にあって初めて神に対する受け身的な態度をもつことができる。それは神の本性と密接に関係している。神は創造の神であるがゆえに，無から有を創造する。それゆえ神と人間との関係は，神がすべてを授け，人間は信仰によってすべてを受けとる，授受の関係であることが知られる。実際，無とされ破滅した「心は神に何も与えず，ただ神から受け取るだけである。神がまことに神となるために，神はそのような関係をもとうとされる。なぜなら，神にふさわしいことは受け取るのではなく授与することであるから」(ibid., 193,30-32)。

　憂愁の試練に陥った人はキリストを信仰によって捉え，試練に耐えるだけではない。同時に彼はキリストとの交わりの協働にとどまることによって孤独な生活から離れることができるようになる。

　わたしたちはこれまでルターが経験した憂愁と悲嘆の意義について考えてきたが，わたしはかつて『ルターの宗教思想』のなかで「憂愁の試練」について考察したことがあった。だが，この試練の形態は残念ながら一般にはあまり知られていない。試練はルターの信仰の主体的な契機としてたえず力説され，実に「試練を何ももっていないということが最大の試練である」(WA.3,420,17)とまで彼は語っていた。実際，ここにとりあげた憂愁と悲嘆はすべての人が感じている基礎的な経験であって，ここから彼の思想を捉え直すこともできる。ルターはこの試練を単に感得していただけでなく，これを地盤にして思想を展開していったし，デューラー

の「メランコリア」も当時の人々の試練をよく表現している。それゆえわたしたちは新たにこの理解を深め、その意義について再考すべきである。一般的に「憂愁」(tristitia) の情念は「歓喜」や「晴朗」と対立している「悲しみ」を表わしている。その点で「悲嘆」(dolor) と同義的な姉妹概念である。ルターではこれらの概念が「慰め」(consolatio) と対になって表出される特徴を示している。というのも彼の宗教思想が悲嘆にくれた良心を「慰める」ことを基調としているからである。まことに「憂愁」と「悲嘆」はそこからルターが救いを呼び求めた根本状況であった。

20
神学の方法

(WA, 50, 659＝Calwer Ausgabe 1, 5)

　「それに加えて神学を研究する正しい方法をあなたに示したい。……そこにあなたは詩編の全体が豊かに言い表わしている三つの原理を見いだすであろう。すなわち，祈り・省察・試練である」。

　Außerdem will ich dir noch eine rechte Art und Weise für das Studium in der Theologie zeigen.……In ihm wirst du drei Regeln finden, die durch den ganzen Psalm ausgiebig vor Augen gestellt werden, und zwar heissen sie: Oratio, meditatio, tentatio.

　ルターのドイツ語全集（ヴィッテンベルク版，1539 年）第一巻への序文には彼の神学研究の方法がこのように語られている。ここに指摘されている三原理「祈り（oratio）・省察（meditatio）・試練（tentatio）」について上記に続けて詳しく説明しているので，少し長くなるがそれを引用してみたい。

　「まず第一に，ただ聖書の他には何者も永遠の生命を教えていないがゆえに，聖書が他のすべての書物の知恵を愚かなものとなすような書物であることを知らなければ

ならない。それゆえに，あなたは自分の感覚と理性とに直ちに失望するに相違ない。……あなたは自分の小さな部屋のなかでひざまずき，正しい謙虚さと真剣さをもって神に祈願し，神があなたにその愛する御子によって聖霊を賜わるように祈りなさい。聖霊はあなたを照明し，導き，理解力を授けたもう。……それは彼が聖書のなかで理性でもって転倒しないためであり，自分が〔理性を用いて〕自分自身の教師とならないためである。というのはそこから暴動を起こそうとする人たちが出てくるが，彼らは聖書を自分自身に従属させているからである。彼らは聖霊も祈ることも必要としていない。

第二に，あなたは省察すべきである。つまり単に心のなかでだけでなく，外的に口に出して語り，聖書のなかに語られている言葉をつねに追い求め，擦り込み，読み，再読し，聖霊がそれをもって何を考えているかを熱心に注目し，熟考すべきである。……というのは神は外的な言葉なしにその聖霊をあなたに与えたもうとはなさらないのだから。それに立ち向かいなさい。外的なみ言葉を書いたり，説教したり，読んだり，聞いたり，歌ったり，述べたりなどすることを彼〔ダビデ〕は命じているが，それは無益ではないから。

第三に，試練が現存している。試練は試金石であり，単に知ることや理解することを教えるのではなく，神の言葉がいかに正しく，いかに真実であり，いかに甘美で愛すべく，いかに強力で慰めに満ちているか，すなわちあらゆる知恵に優る知恵であるかを経験することを教える。……神の言葉があなたのうちに立ち現われると，悪魔があなたを襲ってきて〔試練によって〕あなたを正し

い教師となし，悪魔の試練を通して神の言葉を求め愛するように教える」。

この三つの原理についてボナヴェントゥラの『三様の道』と比較してその特質をあげておきたい。

（1）　第一に「祈り」があげられており，ボナヴェントゥラの『三様の道』の第一の道徳的な「浄罪の道」が全く排除されている。中世の神秘主義はこの道徳的な勧めという「道＝方法」のゆえに広く一般的な道徳と結びつき，大衆の支持を受けて大きな影響力をもっていた。だがルターでは浄罪の道は道徳主義的色彩を併せもつがゆえに，すべて排除される。その代わりに「祈り」が説かれているが，祈り求められる神の恩恵が，自我を全く超越している神から来る聖霊の賜物として求められる。

（2）　第二に，ルターでは「省察」が神秘主義者ボナヴェントゥラの「観想」の代わりに入っている。ボナヴェントゥラの「三様の道」は「省察・祈り・観想」の三段階をとるが，ルターでは知的な「観想」が抜けている。それは理性に対する態度が伝統的な理解と相違しているからである。ルターは理性が自己自身の教師となっており，転倒した道に人を導くと考えられている。それに対し「省察」は，誤りやすい理性とは異なり，人間の心の深みに向かう。すなわち，この「省察」（meditari）の働きは理性的（rationalis）ではあっても，単なる論証的な思惟とは異なり，最内奥の自己に向かう運動となっている。

（3）　第三に，ルターの神学方法では「試練」が最大の特質となっている。ボナヴェントゥラの場合「省察・祈り・観照」の三段階は下から上に発展するが，ルターでは先の「観

想」の代わりに新たに「試練」が導入される。ここでは人間的な成長や発展の契機がなく，その上昇運動は試練の否定的契機によって断ち切られる。したがって省察が観想の高みに向かわず，反対に試練の深みに入っていくところにルターの神秘的方法の特質がある。そこには「深部からの神学」（Theologia ab imo）という，いわば「下からの神学」の特徴があきらかである。

　ルターは自己の神学を「教義学的ではない実験的知恵」（sapitentia experimentalis, non doctrinalis）（WA. 9, 98, 21）として規定し，通常の経験を超えた神秘的な経験に立っている。信仰は一方において神との関係に立って通常の経験を超えておりながらも，神からの試練によって成り立つ生活の経験と結びついている。それゆえに信仰は「超自然的経験」（über-naturliche Empirie）と呼ばれたり，「聖霊により生じた経験」とも言われる。

21
人間学の三分法

(WA.7,550,28-551,13)

「第一の部分である霊（geist）は人間の最高，最深，最貴の部分であり，人間はこれによって理解しがたく，目に見えない永遠の事物を把捉することができる。そして短くいえば，それは家（haus）であり，そこに信仰と神の言葉が内住する。

第二の部分である魂（seele）は自然本性によればまさに同じ霊であるが，他なる働きのうちにある。すなわち魂が身体を生けるものとなし，身体を通して活動する働きのうちにある。……そしてその技術は理解しがたい事物を把捉することではなく，理性（vornunfft）が認識し推量しうるものを把握することである。したがって，ここでは理性がこの家の光である。そして霊がより高い光である信仰によって照明し，この理性の光を統制しないならば，理性は誤謬なしにあることは決してありえない。なぜなら理性は神的事物を扱うには余りに無力であるから。……

第三の部分は身体（leip）であり，四肢を備えている。身体の働きは，魂が認識し，霊が信じるものにしたがって実行し適用するにある」。

Das erst stuck, der geist, ist das hohste, tieffiste, edliste teil des menschen, damit er geschickt ist, unbegreiflich, unsichtige, ewige ding zu fassen. Und ist kurtzlich das hausz, da der glawbe und gottis wort innen wonet.……

Das ander, die seele, ist eben derselbe geist nach der natur, aber doch inn einem andernn werck. Nemlich ynn dem, alsz er den leyp lebendig macht und durch ynn wircket,……Unnd ist sein art nit die unbegriflichen ding zu fassen, szondernn was die vornunfft erkennen unnd ermessen kan. Und ist nemlich die vornunfft hie das liecht ynn dieszem hausze, unnd wo der geyst nit mit dem glawben, als mit eynem hohern liecht erleucht, disz liecht der vornunfft regiert, so mag sie nimmer on yrthum sein. Denn sie ist zu geringe ynn gotlichen dingen zu handelln.

Das dritte ist der leip mit seinen gelidernn, wilchs werk sein nur ubungen und prauch, nach dem die seel erkennet und der geist glawbt.

ここにルターは人間の自然本性を「霊・魂・身体」に分ける人間学の三分法を採用して考察し、人間が霊性によって導かれて初めて理性を正しく使用できると主張する。そこで霊の概念にわたしたちはまず注目してみたい。この「霊」についての記述のなかで最初に注目すべきは、そのあり方であり、まず「人間の最高、最深、最貴の部分」であると述べられ、次いでそれが「家」であると語られる。さらに「霊」の

作用は不可解で不可視な永遠の事物を把握することに求められる。なお，この「永遠の事物」は御言葉により啓示された神自身であって，霊は信仰によってこれを捉える。そのことは先述の「家」のなかに「信仰と神の言葉が内住する」という表現によって示される。そして霊は理性の光も自然の陽光も照らさない，したがって暗闇のなかにある，神の住まいであって，そこに内住する神の言葉の語りかけを聞いて信じるという機能を備えもっている。

この「霊」概念は直接的にはタウラーに由来するが，それはエックハルトの「魂の根底」にまで遡ることができる。「根底」(Grund) はエックハルトとタウラーとの共通した魂の上級能力である。それは「魂の閃光」(Fünklein) とか「神の像」(imago dei) また「諸力の根」(Wurzel) と等しく，理性よりも高い魂の能力であって，もっとも高貴で深淵な部分を指す。「根底」は彼らの下では宗教的意味をもち，感性や理性を超える霊性の次元を表現するために用いられた。

理性が一般的に言って信仰内容を合理的に解明したり，知識を組織的に叙述するのに対し，霊性は理性によっては把握しがたいキリスト・神・神性との信仰による一体化をめざす。ところでこの理性と霊性との関係は，理性が霊性によって生かされている限り理性活動に誤りは生じないと説かれた。

この霊・魂・身体の三重構造は，聖書の幕屋（ユダヤ教の神殿の前身）の比喩によって，「至聖所・聖所・前庭」としても続けて語られ，「この象徴のなかにキリスト教的人間が描かれている」と言う。なかでも「霊」についての発言がもっとも大切な問題を含んでいる。つまり霊が聖くないと人間は人格的破綻をきたす。したがって「最大の戦いと最大の

危険は霊の聖さにおいて起こっている。すでに述べたように霊は，把捉しうる事物にかかわらないため，全く純粋な信仰においてのみ，その聖さが存立しているからである」(WA. 7, 551, 29-31) といわれる。なぜなら信仰によって人間は神に出会い，その御言葉に寄りすがって初めて自分の聖さを保ちうるから。その際，霊において人間は神と出会い，神の語りかけをそこで信仰は聞くのである。この霊こそ人間が自然本性において備えているもっとも最貴な部分であり，ルターは人間の霊を神との出会いの場として把捉している。

次に魂は霊と自然本性上同じであっても，働きを異にし，理性という自然的な光によって活動する。この理性は認識を導く光であっても，それ自身では誤謬に陥りやすい。だからより高い霊による導きを理性は必要とする。つまり人間が霊において神を信じ，より高い光に照明されてはじめて，自然の光としての理性は正しい認識をなすことができる。

なお身体は内なる霊と魂を具体的に表現する手段であり，「実行と適用」をおこす道具であって，霊と魂の導きに従って行動する。したがって霊が神に対する信仰の場であり，霊によって理性が統制され，身体を通して生活の世界に適切に関わることができる。

そうすると霊・魂・身体の三重構造は，旧約聖書の幕屋の比喩も示しているように，人格の最内奥で神に出会う霊から発して魂と身体を通して外に向かう放射状に広がる関係構造を形造っており，三つの同心円を扇状に切った形をしている。つまり霊なる最内奥において人は神と出会い，霊の導きの下に理性は自己を統御し，外なる身体を介して外的世界に連なっている。このように人間は神と世界との間に立つ存在なのである。

22
宗教心としての霊性

(WA.57,Gal.,31,19)

「神の活動はわたしたちの受動である」
(Actio Dei est passio nostra.)

　宗教において信仰は二つの側面から考察することができる。一つは何を信じるかという信仰対象から考察される。たとえば歴史上のイエスを救い主キリストとして信じて告白することは，信仰の具体的内容に関わっており，それは信仰の対象面を言う。それに対し信仰の主体的な作用面も認められ，考察すべきである。それはイエスをキリストとして信じるとき，心の内面でどのような作用や変化が起こっているかを考察することを意味する。この第二の側面がさらにルターの『マグニフィカト』(1520-21年)においては「霊」の作用，つまり霊性の特質として考察されている。その特性のいくつかをここで指摘してみたい。

　(1) 霊の超越性　　霊の作用は自然本性の能力である理性の力を超えている。「霊とは何であるかということを，つまり理解しがたいものを，信仰によって把握するものである」(WA.7,556,12-13)。ここにある「理解しがたいもの」とは理性によっては把握できない超越的なものであり，理性は感覚

とともに魂の作用に属する。霊の作用である霊性も実体的には魂に属するが，その本質において理性および感性という魂の作用を超越しており，「理解しがたいもの」である超越的なものに関わるがゆえに，信仰を意味する。「というのは，神は信仰においてのみ知られるであろうし，また知られねばならないから。こうして感覚と理性とはその目を閉じねばならない」(ibid.,587,17-18) と説かれる。この「目を閉じる」という「閉じる」（ムエイン）こそ言語学的に「神秘」を意味する。

(2)「心の奥底」としての「霊」　霊は魂という実体の深部に，理性や感性よりもさらに深い「心の奥底」(tieffes hertzen) に位置づけ られる。それはドイツ神秘主義の「根底」と同様の傾向をもって示される。それは「奥底」(grund) とも，「真の正しい根底」(rechte ware grund) とも呼ばれ，「深み」(die tieffe) とも「無」(nichtickeit) とも規定される。しかもこの霊は「心」(hertz) や「心情」(gemüt) と同義語であり，さらに「精神」(synn) とも同一視される。またこの霊は「霊すなわち内においてどのように処するかによって」とあるように (ibid, 592,13)，「人間の振舞い」としての倫理的な「人格」をも暗示する。

(3) 霊と信仰とは同義である　さらに霊と信仰とは等しい働きをしている。たとえば霊は「信じる霊」(der glewbige geist) とも「霊の信仰」(glawben des geist) とも言われる。信仰はここでも人格的な信頼であって，一般的に「見ることも経験することもない」ものに関わり，救い主に対する「堅い信頼」(fester zuvorsicht) を意味する (ibid., 556,14)。この霊は「ただ信仰によってのみ高く挙げられた霊である」(ibid.,558,25) とあるように信仰によって高揚する。こ

うした神に向かって高揚した「信じる霊だけがいっさいを所有する」のであるが，信仰は本質において意志の行為ではなく，霊の受動作用，つまり「神によって捉えられること」である。それゆえ「彼女〔マリア〕は全く神に捉えられ（vorzuckt），神の恵み深いみ心によって，高く揚げられる（empor erhebung）のを感じた」（ibid.,554,21-22）と語られる。

（4）信じる霊と聖化　高揚した霊は正しく神を愛し，自己のものを求めることがないため，聖い，純粋な，高貴な性質に変えられる。それに対し不信仰な霊は自己愛によって汚染されている汚れた霊である。それゆえ，すべては霊の信仰にかかっている。「霊が〔神によって〕守られているとき，魂もからだも過ちや邪悪な行為に陥らないでいることができる。しかし他面，霊が信仰を失ったとき，その魂と全生活は，たとえどのような良い目的と意図とをもっていたとしても，不正と過誤に陥らざるをえない」（ibid.,552,34-553,4）。それゆえ，まず神が霊を顧み，守ることが何よりも重要なことであり，このことをよく知り，謙虚になって神の力を受容することが力説される。

（5）信仰の受動性　このように神の力を受容するためには謙虚が不可欠となり，ルターは，霊的に貧しい霊のみが真に正しい霊であることを，強調して止まない。このような霊は自らを価値ある者とは考えず，「軽んじられ，見捨てられ，卑しい存在，あるいは境涯こそ謙虚に他ならない。それは貧しく，病んでおり，飢え，渇き，捕われ，苦しんでおり，死に瀕する人々である」（ibid.,560,16-19）。こうした無一物となった，裸の霊こそ神に対し純粋に受動的になっており，これが信仰の状態である。こうした存在に対してこそ神は恩恵

をもって顧みたもう。

> 「純粋な本来の神のみわざは，何人も彼とともに働かず，ただ神のみが働かねばならない。それはわたしたちが無力となり，わたしたちの正義や意見が圧迫され，わたしたちの中に神の力を受けるときに生じる」(ibid.,588,12-15)。

したがって霊と神との間に成立する信仰関係は先に述べた逆対応の関係となっている。このような関係においてこそ無から有を創造する聖霊のわざが経験される。「この経験において聖霊はご自身の学校におけるように教育したもう」(ibid.,546,27-28)。霊はここでは純粋な受動性としての信仰を意味する。

23
「超過」の霊性論理

(WA,7, 548, 5-11)

　「神がいかに底深いところを顧み,貧しい者,軽蔑された者,悲惨な者,苦しむ者,捨てられた者,そして,まったく無なる者のみを,助けたもうような神にいますことを経験するとき,神が心から好ましくなり,心は喜びにあふれ,神にあって受けた大いなる歓喜のために欣喜雀躍するのである。するとそこに聖霊がいましたもうて,一瞬の間に,この経験において,わたしたちに満ち溢れる知識と歓喜とを教えたもう」。

Wo aber erfarenn wirt, wie er ein solcher got ist, der ynn die tieffe sihett, und nur hilfft den armen, vorachten, elendenn, jamerichen, vorlassenen, unnd die gar nichts seint, da wirt er szo hertzlich lieb, da geht das hertz uber fur freudenn, hupfft und springet fur grossem wolgefallen, den es ynn got empfangen. Unnd da ist denn der heilig geyst, der hat solch uberschwencklich kunst und lust ynn einem augenblick ynn der erfarung geleret.

　パウロが「罪が増したところには,恵みはなおいっそう満

ちあふれました」(ローマ5・25) というとき，そこにはどのような宗教的な経験と論理が見いだせるのであろうか。そこには罪の増加と逆対応的に恩恵が増大するという逆説的な「超過の論理」が成立する。こうした逆対応には善行「にもかかわらず」罪人となり，悪行「にもかかわらず」善人であるという自覚がなければならない。もちろんそこには，すべての人間の罪を背負って十字架上で死んで甦ったイエス・キリストの犠牲的愛が前提されている。ルターの義認論の根底にはこのような「超過の論理」が認められる。

　ルターは『マグニフィカト』(1520-21年) から引用された冒頭の言葉を語る前に次のように述べている。「神は，創造のはじめ，無から世界を創造したもうたと同様に，そこから神は創造者にして全能者と呼ばれるが，神はそのようなわざを，なおも間断なく続けていたもう。……それゆえに，底深いところにいる者，悲惨の中にあるものを，顧みるということは，ただ神にのみ属する。そして神は底深いところにいるすべての人の近くにいましたもう。……そしてこの根底からいまや神への愛と賛美とが流れ出る。……しかし神が低いところをかえりみ，貧しい者，軽蔑された者，苦しんでいる者，悲惨な者，捨てられた者，そして，まったく無である者のみを，助けてくださる神であられることを経験するとき，神は心から愛すべきかたとなり，心は喜びにあふれ，神によって受けた大きな歓喜のために欣喜雀躍する」(WA, 7, 547, 1-548, 2: 6-10)。

　ここに語られる「欣喜雀躍」(hupfft und springet) というのは，平たく言うと「小躍りする」ということである。これはキリストと魂との間に成立する「喜ばしい交換」として『キリスト者の自由』第19節の後半で見事に表明された事

23 「超過」の霊性論理

態である[1]。

このような状況をリクールはその『解釈の葛藤——解釈学の研究』において「超過の論理」であると言う。彼は罪責に関する倫理的次元と宗教的次元の相違を考察しながら，この論理を明らかに説いた。つまり一般的な倫理の次元よりもいっそう深い宗教の次元において自由は希望の光に照らされ，自らの死「にもかかわらず」自己を肯定し，あらゆる死の兆し「にもかかわらず」死を否定しようとする。この論理について彼は次のように言う。「同様に〈にもかかわらず〉のカテゴリーは生命の突入の反面もしくは逆の面，聖パウロの有名な〈なおいっそう〉（ローマ5・25）のうちに表現された信仰の視点の反面もしくは逆の面である。このカテゴリーは〈にもかかわらず〉よりもいっそう根本的なものであって，超過の論理（the logic of superabundance）と呼ぶことができるものを表わしている。それは希望の論理である」[2]。

このような霊性論理にもとづいてリクールの哲学は意味を「贈与する言葉」に目を開いていく解釈学を展開する。

実際，この「超過の論理」はイエスの宣教のなかにも生きていたものである。たとえば種まきの譬えでは，まず「聞きなさい」とイエスは語りはじめ，不思議なわざをなしたもう神とその支配の現実へと人びとの注意を向け，この現実に彼らの目を開き，決断を迫る。種が3回蒔かれてことごとく失敗し，4回目にやっと成功して収穫にいたったというのはどう見ても異常な経過である。パレスチナの農業で四分の三が失敗で不作であるということは考えられない。だが，まさ

---

[1] 本書16章における引用文を参照。
[2] Ricœur, *The Conflict of Interpretation. Essays in Hermeneutics*, 1974, p.437

にこの異常性こそ聞く者に注意を喚起し，神の行為の不可解さと隠れたる現実の理解へと招いている。しかもその収穫たるや30倍，60倍，100倍となったというのはまさしく「超過」の事態ではなかろうか。イエスの宣教に見られる彼独自なものは「貧しい人々は，幸いである」（ルカ6・20）という逆説である。なぜなら「貧しさ」と「幸い」とは矛盾するから。超過の論理はこの逆対応において成立するのである。

24
無から創造する神

（WA.,1,183,37-184,3）

「無から何かを造るのが神の本性である。だから，いまだ無となっていないものから神は何も造ることができない。……だから神は見棄られた者でなければ，だれも受け入れたまわない」。

Gotis natur ist, das er ausz nicht etwas macht. darumb wer noch nit nichts ist, ausz dem kan gott auch nichts machen.……darumb nympt gott nit auff,dan die vorlaszenen.

神が無から創造するのは徹底的に無となった人間からのみ可能であることがこのように語られる。この言葉はティーリケが『ニヒリズム』でルターから引用したので有名となった。実は，この言葉は『七つの悔改めの詩編講解』（1517年）からの引用であって，この著作においてヨーロッパ思想史における神秘主義と霊性との密接な関係が明らかになる。事実，ルターの霊性思想もドイツ神秘主義の影響を受けており，両者の関係についてこれまで多くの研究が積み重ねられてきた。その際，神秘主義といってもその特質を一義的に定義できないことから，ルターに対する神秘主義の影響

も多様な神秘主義の形態を考慮するようになった[1]。なかでも彼にもっとも大きな影響を与えた神秘主義者はタウラーであるが，ルターはタウラーの中心思想である「魂の根底」（Seelengrund）を非聖書的な言語のゆえに「霊」（spiritus）へと置き換えており，これによって少数の個人にのみ理解できた神秘主義をすべての人が所有しうる霊性へと転換させた。こうしてルターの霊性思想によって神秘主義の民衆化が実現した。この点をここでは指摘してみたい。

ルターは『ローマ書講義』の執筆中にタウラーの著作を知り，スコラ神学とは全く異質な精神に触れることになった。これによって霊性が内面的な霊性として把握し直されることになった。このような理解が『七つの悔改めの詩編講解』に反映しており，神秘主義の「根底」（Grund）が採用されたうえで，それが「霊」へと変換されるようになった。この「根底」は「心」（Herz）と同義語として表現されたり，「心の根底」（grund des hertzen）として用いられた（WA.1,160,22）。しかし「根底」は「心」よりもいっそう深部を指すために「その心を根底にいたるまで認識するように」（ibid.,214.10-11）と求められた。また「根底的に（gruntlich）自分自身を認識すること」（ibid.,189,5）が要請されているように，「根底は一般には知られ気づかれもしない〈隠された根底〉」（verborgener grund ,ibid.,188,33）と考えられた。

この「根底」において人間が根底的に震撼されていることが重要であって，「未だ根底的に震撼され見棄てられていな

---

1) 金子晴勇『ルターとドイツ神秘主義』創文社「ルターと中世神秘主義の伝統」29–87頁参照。

24 無から創造する神

い人は、だれも根底的に願い求めない」(ibid.,160,22-23) とあるように、そこから神に対し徹底的に受容的な態度が霊性として説かれるようになった。そのため良心の呵責が強調され、「たえず罪とさまざまな咎とを自分自身に帰す人は幸いである」と説かれた (ibid.,167,27f)。こうして「わたしたち自身であるいっさいを神に献げる以外に神に支払う道がなく、しかもそれをわたしたちの罪の謙虚な認識と神の義の告白をもってすべきである。……こういう生き方と放棄がわたしたちのもちうる最高の義である」(ibid.,194,9ff)。ここではタウラーの説く「放棄」(Gelassenheit) の思想に倣って、「魂がすべての被造物からくる慰めより離れ、自分自身からも見棄てられ、追跡されると、魂は全く無一物で裸となって、神の恩恵だけを待ち望むとき、それは神の喜ぶ正しい捧げ物なのである」(ibid.,214,23-26)。それゆえ全面的な自己放棄によってのみ、神はわたしたちの内に働くことができると説かれた。

ところがルターはタウラーの「根底」をキリスト教的な「霊」に置き換えて使用するようになる。それはタウラーの三種類の人間（感覚的人間・理性的人間・心情と根底）がルターによって感覚・理性・霊の三分法へと移されたことに明らかに示される。そこには「根底」と「霊」とが同一視されているが、もはやエックハルトのように魂の根底と神の根底である神性との神秘的合一については語られず、自己放棄と無化によって魂が神によって拉致されるという神秘主義の方法にも触れられていない。むしろタウラーでは積極的には語られていない信仰が前面に出ている。ルターはタウラーの三分法に続いて次のような区分を提示する。

{感覚／理性／信仰} に基づく {感動的／理性的／霊性} な人間を使徒は {肉的な人／心霊的な人／霊的な人} と呼んで

いるように思われる。

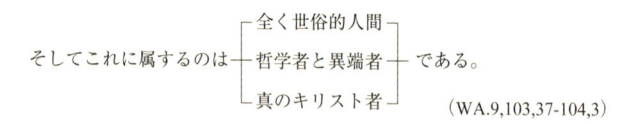

そしてこれに属するのは {全く世俗的人間／哲学者と異端者／真のキリスト者} である。
(WA.9,103,37-104,3)

　この区分によると最上位の霊的人間は信仰による真のキリスト者とみなされる。この信仰に関して同じ覚え書きに記されるところを見ると，信仰は神の働きを受けとる受動であって，自分の意志を放棄する（ibid.9,103,2ff.）。この「放棄」（Gelassenheit）は無となることを意味し，神の創造の働きが生じる前提として説かれている。

25

神学における人間学の意義

（WA.40,II,327,11-328,3）

　「神と人との認識が神的な知恵にして本来的な意味での神学的知恵である。こうして神と人との認識はただ義とする神と罪人としての人間にのみ関係する。だから本来的な神学の課題は告発され，かつ，破滅した人間と〔罪人を〕義とする，もしくは，救済者なる神である。人がこの対象の外側に求める議論と主題はすべて神学における誤謬と空談である」。

　Cognitio dei et hominis est sapientia divina et proprie theologica, Et ita cognitio dei et hominis, ut referatur tandem ad deum iustificantem et hominem peccatorem, ut proprie sit subiectum Theologiae homo reus et perditus et deus iustificans vel salvator, quicquid extra istud argumentum vel subiectum quaeritur, hoc plane est error et vanitas in Theologia.

　このようにルターは『詩編51編の講解』において神学を定義する。それは同時代の宗教改革者ツヴィングリにもカル

ヴァンにも影響している[1]。この定義の重要性をアルトハウスは捉え，ルター神学の人間学的意義について正当にも次のように評価した。

「神学のテーマに関してルターは非常に明瞭に反省していた。神学は神と人間との認識を扱う。したがって，神学は狭義において神学であり，同時に人間学（Anthropologie）である。この両者は分かち難く結びついている。神は人間との関係において，ただこのようにしてのみ正しく認識され，人間は神との関係において，ただこのようにしてのみ正しく認識される。だから，客観的神論も，神関係以外のことを問う人間学も，いずれも問題にならない。……神と人間との神学的認識は〈関係的〉（relativ）認識である。すなわち両者が対向しあう関係（Beziehung），両者の存在論的でも人格的でもある関係（relatio）のなかにある認識である。ルターが神学のテーマはキリストである（WA.TR.Nr.1868）と語っているときも同じ意味である」[2]。

実際，神と人との人格的な関係こそルターの思想的な基盤であって，この関係に立つ「二重の神学的な認識」が神学的な人間認識と神認識という問題であり，自己認識と神認識というテーマが彼の神学におけるもっとも重要な主題となった。「それゆえ，このような神学的認識が必要であって，人は自己を認識しなければならない，つまり自分が罪ある被告

---

1) G・Ebeling, *Cognitio Dei et hominis*, in：Luterstudien, Bd. I, 1971, S. 221ff.
2) P. Althaus, Die Theologie M. Luthers, 1962, S. 21f.

であって，死の判決に服していることを知り，感得し，経験しなければならない。次いでその反対も，つまり神が義とするお方にして，そのように自己を認識する者を贖いたもうお方であることを知り，かつ経験しなければならない」（WA.40,II,328,30-33）。

ここでルターは認識を「知り，感得し，経験しなければならない」（sciat, sentiat, experiatur）という。このように言われるのは認識が単なる知的な営みではなく，人間のあり方の全体が問われるような知であることを示している。この自己認識の全体的な認識について彼は次のように述べる。

「この罪の認識は精神の思弁的なものでも自分のために考案した想念でもなくて，〈わたしはあなたに背いたことを知っています〉（詩編51・5）つまり，わたしは感得し，経験していると語られたとき，証しされているように，真実な感得，真の経験，心の重大な格闘なのである。……それはヘブライ語で本当に〈声〉を意味しており，神の怒りの耐え難い重荷を感得し，経験することを意味する。罪の認識はそれ自体で罪の感得なのである。そして罪を犯した人は，良心によって圧倒され，どこへ向かうべきかを知らず，不安に付きまとわれる」（ibid.,326,25-327,16）。

わたしたちはこのテキストで次の諸点に注目すべきである。(1) 自己認識は思弁的な知でも，客観的な知でもない。ここでは「証しされているように」とあるように「証する」（testor, bezeugen）というのが特別な意味をもっている。今日再び「証し」の意味がキルケゴールの時代と同じく「真

理の証人」としての重要性を増してきている。(2) それは主体的な「真実な感得，真の経験，心の重大な格闘」である。(3) その中でも重要な契機は「感得」(sensus) 作用であって，「罪の認識はそれ自体罪の感得である」と言われる。ここでは「認識」が全人格的な「感得」と結びついている。したがってこの種の認識は「感得的認識」であって，直感的に把握される知であり，パスカルの「心情の直観」と同じである[3]。(4) それは「声」であって，試練にある人が不安におののく良心において発する「呻きの声」を意味する。

　ルターの人間学は神との関係のなかで人間が自己を理解することによって成立する。この関係は一般的に理解される人間の性質とは異なる。またこの関係は理性的な道徳の立場では理解されない。それは宗教独自の神との人格的な関係によって捉えられる。だがこの理解は人間の自然本性がもつ認識を排斥せず，それを含めて人間の全体が問題となる。このことは神との関係が彼の宗教的体験の底知れない深みに根ざしていることから来ている。

---

[3] パスカル『パンセ』前田・由木訳, B. 282, L. 110；B. 701, L. 319.

26
生と死について

(WA40,III,496,16-17)

「律法の声は〈生のさ中にあってわたしたちは死のうちにある〉と安心しきった者たちに不吉な歌をうたって，戦慄させる。しかし他方，福音の声は〈死のさ中にあってわたしたちは生のうちにある〉と歌って再び力づける」。

Legis vox terret, cum occinit securis: Media vita in morte sumus. At Euangelii vox iterum erigit et canit: Media morte in vita sumus.

ルターの宗教生活の出発点には死の経験があり，死の恐怖を克服する道が探求された。彼はキリストの福音において永遠者なる神の憐れみと愛をとらえ，ここに死を克服する永遠の生を信ずるにいたる。この永遠の生は死の脅威が無限に高められているのに応じて，それ自身も無限に高められている。死のもつ否定の度合いが，永遠者との関係でその勢位を無限に高められていながらも，逆説的に永遠の生命が強く肯定される。

『詩編90編の講話』(1534/5年)はこの視点に立って生と死を考察している。一例として彼の語っているところを引用

してみよう。「神が永遠にして全能であって，測り難く無限であるという，神に関するこのような叙述から，次の二つのことが続いて生じる。第一に，神の住処もしくは神を畏れる者たちの上に降る神の恩恵は無限であること，第二に，無頓着な者たちに向けられた神の憤怒もしくは怒りは測り難く無限であることである。なぜなら影響というものは，つねに作用因の強度に等しいからである」[1]。

そこでルターは人間的生の現実を真剣に考察することが如何に重要であるかを説き，不真面目な哲学者や神学者の言説を批判することから論述を開始する。人間の生の現実は悲惨であり，また有限である。この現実は罪と死によって解明され，この両者を見くびり過小評価する態度こそ最悪の盲目であり，もう一つの悲惨であることが力説される。こうして人間が生とみなしているものは，実は死にほかならない。この意味で中世の讃美歌では「生のさ中にあってわたしたちは死のうちにある」(Media vita in morte sumus.) と歌われている。この讃美歌の主題にもとづいてルターがドイツ語で作成した讃美歌の一節を紹介しておこう。

　　生のさ中にあって，我らは死に囲まれる。
　　恵みを得んために，援けたもう誰を求めん。
　　そは主よ，汝のみなり。
　　主よ　汝を怒らせし　我らの罪を悔ゆ。
　　聖き主なる神　聖き力なる神
　　聖き憐れみ深き救い主，汝，永遠のみ神
　　苦き死の危険に我らを沈めたもうなかれ。
　　　主よ憐れみたまえ。(M. Luther, Geistlicher Lieder,

---

1) ルター『生と死の講話』金子晴勇訳, 知泉書館, 46 頁以下参照。

1950, S. 20）

　ルターはこの詩編講義のなかで「生のさ中にあってわたしたちは死のうちにある」という命題を逆転させて「死のさ中にあってわたしたちは生のうちにある」（Media morte in vita sumus.）と語り，この生をキリストの福音によって捉え，冒頭で引用された言葉を残している。

　律法も福音も神の人間に対する語りかけの言葉であるが，自己の罪と死について考えず，自己満足のうちに安心して生きている者たちに，律法は「鉄槌」となって下り，自己の真の認識にいたらせ，神の恩恵を求めるようにさせる。だが，このように罪と死を自覚させ，神の怒りを感じさせるのが神のわざであり，ルターはこれを神の「他なるわざ」と呼び，この他なるわざを通して「本来のわざ」たる恩恵と憐れみの福音へと人間を導くと説いた。

　この詩編講義はルターの著作活動の全体から見るなら，「慰めの書」の系列に入る。この講義は彼の義認論をとくに論じていないし，また教義や典礼について論争もしていない。しかしこの書でもわたしたちが神の前に自己の罪と死を自覚し，苦悩し傷める良心が信仰によって神に義とされ慰められるという基本的主張が，くり返し語られる。しかし，そのなかでも神の憐れみによる慰めが中心となっており，「神の憐れみと神の慰め」を全面的に説いているがゆえに，「慰めの書」の系列に入るといえよう。

　さらにもう一つ新しい点は，死と生とを見る人間的見方と信仰の見方との対立に求められる。人間は生から死への方向で，つまり存在から非存在への方向でいつも考えているが，神の創造のわざを信じる信仰者はそれとは逆に死から生へ，つまり非存在から存在への方向ですべてを見るように学ばね

105

ばならないとルターは説く。この生から死への方向と死から生への方向との対立は,「死のとげは罪である」（Ⅰコリント 15・56）という自覚によって, つまり死の恐怖と戦慄を罪に対する神の怒りであると感得し, キリストを通して神の憐れみをとらえることによって, 生と死が結びつけられ, 両者は元来非連続でありながらも連続することになる。それゆえに「死のさ中にあって生のうちにある」という一見すると矛盾した表現が生まれてくる。そのような逆説的な思考によってこの詩編講義は説き明かされ, 死を不断に克服する永遠の生命への信仰と希望に満たされている。

27
キリストの花嫁としての教会

(WA 40, Ⅲ ,473,29-31)

「この詩編の言葉は楽しく,喜ばしく,明らかに婚礼〔の歌〕に属しているからです。ここであなたは竪琴,葦笛(フルート),輪舞,花冠,花々,華麗を極めた衣装,その他見たり聞いたりするのにもっとも喜ばしいもののほか何も聞いたり見たりしないでしょう」[1]。

……verba enim sunt laeta et iucunda et plane nuptialia. Hic nihil audis nec vides quam citharas, tibias, choreas, serta, flores, ornatissimas vestes et alia, quae visu et auditu iucundissima sunt.

ルターの『詩編45編の講解』は先の『詩編51編の講解』に続いて説き明かされたもの,詩編に「愛の歌」という副題が付けられているように,一般的に「王の婚姻の歌」として理解される。したがって同じく祝婚歌である『雅歌』と同系列に属する内容となっている。「雅歌」は神とイスラエルと

---

1) ルター『心からわき出た美しい言葉——詩編四五の講解』金子晴勇訳,教文館,18-19頁

の親しい関係を歌ったものであった。このことは伝統としてキリスト教会に伝わっており，中世では雅歌を神と魂の間に交わされる愛の賛歌として解釈された。それゆえこの詩編は「喜ばしい詩編」と呼ばれた。

　この詩編に「愛の歌」という名称が付けられていた理由についてルターは言う，「友人たちや恋人たちに対する愛また結婚の歌は，ドイツ語に翻訳すると花嫁の歌となる。この結婚の歌がこの詩編で述べられている主題に属する。なぜなら，ここでは王が花婿として，女王が花嫁として，同じく婦人の居間として扱われているから。それゆえ，わたしたちはこの詩編を祝婚歌と呼ぶことができる」[2]と。さらに彼は言う，「この詩編は自分の感覚や世俗的な知恵を超えている霊的な知恵に熟達した者となるように説かれた。それは疑いなく新しい霊的な統治，これまで聞いたことがない新しい王，新しい義，王国の新しい管理，新しい民について教えようとする」（同 28 頁）。したがってこの詩編は神と魂の婚姻の関係だけでなく，神とイスラエルの民との民族的関係のように，神の政治的な統治と教会との関係をも語っている。彼は言う，「この花嫁は教会であり，とくにシナゴーグから引き継がれた全組織体である。なぜならパウロと他の使徒たちが多くの都市と国民とを回心させており，その中には君公や王たちもいたからである。それと同じくセルギウスも回心していた（使徒言行録 13・7 以下参照）。しかし花嫁は一人であって，王や君公たちのこれらすべての構成員また弱者や貧者，処女や結婚した人たちから集められており，これらの人々のすべてから教会という一人の花嫁が造られた。……また〔教

　2）　ルター，前掲訳書，24 頁。

会とキリストとの〕両者が一つのからだとなり，教会に属するものがキリストのものとなり，反対にキリストに属するものが教会のものとなる」(同 137-38 頁)。

　この教会は一人一人がキリストの花嫁であるが，「すべての構成員」として一つの生命共同体となっている「教会という一人の花嫁」であると説かれる。この点は『雅歌』の解釈でも常に考えられてきたことであって，根底にある結婚という男女の関係が基本的には個人間の相互受容として捉えられており，「恋しいあの人はわたしのもの，わたしはあのひとのもの」(雅歌 2・16, 8・11) と歌われたが，それはイスラエルの民に転用されて用いられていた。この引用文もそれを物語っている。12 世紀の神学者ベルナールは花婿と花嫁の関係を神秘的な「合一」や「交流」として説き，『雅歌』に見られる男女の関係は同時に教会に対して語られたものと解釈した。したがって彼はキリストと教会との関係を「花婿と花嫁」という親密な間柄として理解した。

　こうして詩編のテキストに霊的な解釈が行なわれ，詩編本文はまず字義的にではなく，比喩的に解釈され，その内容は世俗的見方と正反対となる。つまり霊的な王国や教会は現世の支配と正反対な姿を取っており，次のように語られた。「このようにして，これらすべてのことをわたしたちは感覚と世俗的な王国の光景から引き離して，万事がこの世の王国と正反対となっている，目に見えない領域に移さねばならない。もしあなたがこの王国の外観を見るならば，万事は正反対である。しかしこの霊の王国において生命として讃美されているものは，ここでは外観から見ると死であり，かしこで栄光として称えられているものは，ここでは十字架の恥辱である。かしこで知恵として讃美されているものは，ここでは

愚かさであり，かしこで徳と勝利であるものは，ここでは弱さと十字架である」(同 31-32 頁)。

現世の王国は「微かな影絵と貧弱な絵」にすぎず，輝かしい衣装を身につけ，壮大な行列を組んで行進する王は外面的には幸福そうに見えても，内面では悪事や心配事に満ちている。それに反し教会は外面的には惨めであっても，内面的には最高の善であり，その有様は「わたしの心からわき出した喜び」という最高の価値に満たされている。それゆえ現世と教会は対立しているが，教会は「霊的でもっとも楽しい王国」として霊的に解釈された。

28
神とサタンの争奪戦

(WA.18,635 = CL 3, 126, 23-28)

「人間の意志は〔神とサタンの〕両者の間にいわば荷役獣のように置かれている。もし神が占拠するなら，それは神が欲するところへ欲し，かつ，行くのである。……もしサタンが占拠すれば，サタンが欲するところへ欲し，かつ，行くのである。いずれの騎乗者のところに馳せ，彼を獲得するかは自分の選択力にはない。むしろ騎乗者たちの方が，いずれがこれを捉え，所有するかとせり合っている」。

Sic humana voluntas in medio posita est, ceu iumentum, si insederit Deus, vult et vadit, quo vult Deus,……Si insederit Satan, vult et vadit, quo vult Satan, nec est in eius arbitrio, ad utrum sessorem currere aut eum quaerere, sed ipsi sessores certant ob ipsum obtinendum et possidendum.

宗教改革時代のドイツの画家アルブレヒト・デューラーの「騎士と死と悪魔」に描かれた悪魔が真に貧弱でみすぼらしい姿をしているのに，ルターと同時代のグリューネヴァル

トの悪魔は激しくキリストに襲いかかっている。これと全く同じくルターも人間が神や悪魔によって攻撃を受け、その支配下に立って受け身的になっている姿でとらえていた。だから、プラトンの『パイドロス』に描かれた騎乗者は魂であって、身体を御しているのと相違して、ルターでは神やサタンのほうが騎士や騎乗者であり、人間のほうが馬である。

その際、神とサタンという人間の権能を超えた実在が争い合って人間の心にその支配権を確立しようと戦っている。こういう力は人間の理解を超えた実在であって、形而上学的対象である。だが、このような神とサタンとの対決についてルターはマニ教徒のように形而上学的な思弁をもてあそんでいるのではない。彼にとって二元的に対立する世界は生ける現実の経験からえたものである。人間は神とサタンとのいずれかの支配に服している存在であって、いずれに付くかを決定できる自由を人間はもっていない。この宿命的とも見える二元論的思想を支えているものは、人間の良心の現実と歴史の世界である。良心は神とサタンとが覇権を確立しようと抗争する戦場である。元来、良心は繊細な感受性をもっているので、自己に働きかける力の影響を受けやすく、それによって圧倒される傾向がある。神の恩恵の下に立つと良心は慰められ喜ばしいものとなり、サタンの下に立つと良心自身が一つの悪魔と化し、自己を激しく告発し、地獄をつくりだす。この後の状態がルターのいう「悪魔の試練」であり、彼はこうしたサタンや悪魔の化身が現実の世界に跳梁するのを見てとり、悪霊に憑かれた人たちの行動にプロテストし、たとえば教皇に対し「アンチ・クリスト」なる激烈な表現をもって反撃に転じた。

神と魔王サタンとは人間を支配する力として争っている。

ルターの思想はこの二つの力の対立と戦いから形成されており，神もサタンも支配しない中間領域は排除される。神の前に立つ人間の現実をとらえて，彼は善を欲したり欲しなかったりし得る中間的領域を排除し，神の恩恵たるキリストにつくか，それとも神から反逆したサタンに与するかの，二者択一しかないと論じた。しかも，どちらに付くかの選択権は実は人間のうちにはない。だからキリストに所属しない者は必然的にサタンの支配下に立つことになる。この宿命的とも見える二元論的思想を支えているものは，人間の良心の現実と歴史の世界である。良心は先に述べたように，神とサタンとが覇権を確立しようと抗争する戦場である。ルターはこうしたサタンや悪魔の化身を現実の世界において見てとり，悪霊と対決することによってキリストにある力を示そうとしたのである。

　したがって彼は現世において信仰をもって生きる人は悪魔的なものとの戦いの生涯を生きぬかねばならないことを力説し，このことのゆえにキリストをいともあざやかにとらえていた。というのは矛盾的に対立しているものを立てながら，一方が他方に打ち勝つというしかたで思想をドラマチックに展開させることが彼の思想の特質であるから。悪魔も神とキリストとの対決のうちでとらえられ，両者は現実においては絶対に両立しがたいものであるが，これが戦いを通して「勝利者キリスト」とそれに対する信仰によって克服される。ここに二元的に対立している現実が，そのリアルな姿を少しも割り引くことなく，一元的な理解にまで達する。たとえば「キリストはわたしの悪魔に対決する悪魔である」（WA.40-I, 279.）という激しいばかりの表現でもって論じているところを見るとこの点は明らかになるであろう。キリストと悪魔は

絶対に相容れず対立しているが，キリストが「悪魔の悪魔」として二重否定的な表現をもって悪魔との対決によってわたしたちに生命をもたらす救い主であることが表現されている。

29
「神に逆らって神に逃れる」

（WA.5,204,21ff.）

「それゆえ他のすべての試練は，このもっとも完全な試練のいわば初歩であり，序曲である。そこにおいてわたしたちは〈神に逆らって神に逃れること〉になれなければならない」。

Proinde aliae omnes tentationes sunt huius perfectissimae velut rudimenta et praeludia, in quibus assuescamus ad deum contra deum confugere.

ルターの思想世界ではキリストとサタンとが対決しており，サタンがわたしたちを攻撃すると，わたしたちはサタンの試練によって絶望し，破滅する運命に襲われてしまう。わたしたちをその奴隷となす勢力からの解放は人間の力によっては実現できないので，神に頼らざるをえない。その際，わたしたちはこの奴隷化する力に逆らって，それよりもさらに強力な神に向かって逃走するしか方法がないというのがルターの見解である。そういうわけで彼は『第二回詩編講義』で上記のように語ることによって，つまり「神に逆らって神に逃れる」（ad deum contra deum confugere）ことによってのみ，この窮地から脱することができる，と言う。そこでこの

言葉でルターが何を考えていたかを考察してみよう。

この詩編講義はルターがヴォルムスの国会へと招聘されたため詩編22編の講解で終わっているが、量的にはかなり膨大なものである。そのなかでも第6編の講解によってこの言葉のもつ意義を考察してみたい。彼はこの講義の初めのところで詩編第一から第五に至るまでの内容を要約してから次のように言う。「この第6編において最後に、極端なかつ完全なる苦悶の中で死と地獄との格闘が行なわれる。この種の格闘は人間とともに生じるのでも、現世的なもののゆえに生じるのでも、また精神的なもののゆえに生じるのでもなくて、霊の内において、否、御霊のほかに誰も聞きも、見も、感じもしない霊の外部で、かつ、霊を超えたかの最高の脱自において（extra et supra spiritum in extra illa suprema）行なわれる。御霊は言い表わしがたい呻きをもって聖徒のために祈求し、かつ、いわば神自身と格闘している。この神に〔神自身に〕名前を付けることはできないし、経験した者でなければ認識することもあり得ない」(WA.5,202,22ff.)。

ここにルターが陥った試練が霊の試煉であり、この試練の特徴はそれが霊の内においてではあるが、啓示されたのではない「隠された神」(deus abscontitus)、「神自身」(deus ipse)、または御言葉であるキリストを着ていない「裸の神」(deus nudus)との格闘において起こっていて、ただ自己を超える脱自をもたらす仕方で生じると言う。この霊の格闘は死と地獄とによって脅かされた苦悶からなり、ただ御霊の呻きによって執り成されることによって窮地を脱出できる超越的出来事である。このように試練は元来脱自的「超越」を表わす概念である。

どうしてルターはこのような霊的試煉に陥ったのであろう

29 「神に逆らって神に逃れる」

か。彼は青年時代に神の怒りを感じ，日々良心において戦慄を感じ，それを「神の審判に直面した良心の恐怖と戦慄」であると言う。『ドイツ神学』の著者タウラーもこのような試練を経験していると彼は言う。ところでこの講義でとくに注意すべき点はこの試煉において怒りたもう神自身のところに逃れるべきであるとルターが強調していることである。彼は言う，「もし誰かがこのような悪しきことによって苦しめられるとしたら，怒りたもう神自身のところ以外のどこにも逃れるべきではないと詩編は教えている」（WA.5,204,8ff）と。これは理解するのにきわめて困難で，希望できないのに希望することに等しく，心は全く不可能な事を企てると感じる。この「神に敵対して」は「たとえどんなに自己が無価値でも，死と地獄の力に反抗して神の憐れみを呼び求める」と言い換えられる。ここでは試煉を受けた良心の信仰と信頼が問われる。「良心のこの想いと信頼とが生じないならば，艱難が勝利し，救う者がないであろう。それ〔良心の想いと信頼〕は多くの苦労によって形成されるが，神の言葉とイエス・キリストに頼らなければ形成されない」（WA.5,204,38ff）。こうしてルターは試煉を受けた良心にして初めて神の言葉を理解し，真正な神学を確立しうると主張するに至った。彼は言う，「苦難によって十分に震撼されているならば，無理解な者にも神の言葉は理解可能になる。ただキリストの十字架だけが神の言葉を教えるものであり，もっとも真正なる神学である」（WA.5,217,1ff.）と。

　ルターはこの詩編講義で霊的試煉の本質を御言葉をまとわない裸の神自身に対する良心の戦慄として捉え，神の御霊の呻きと信仰によって「神に敵対して神へと逃れる」ことを説いた。この「神に逆らって神に逃れること」という言葉はわ

たしたちの生活においてもきわめて有意義である。というのはわたしたちはこの言葉によって諸々の偶像から真の神へと転換することができるからである。わたしたちには「ものの虜となる」傾向がある。とくにサタンのように破滅させる力の影響を受けて、その虜となることが起こる。この影響は神の啓示を受容する心の働きを破壊する作用を秘めており、わたしたちは自力ではこの窮地を脱出できない。このときルターの言葉「神に逆らって神に逃れる」が威力を発揮して、わたしたちを窮地から脱出させることを可能にするといえよう。

30
宗教改革と説教

(WA.10,I,11,12-12,1)

「福音の中心的な教理と土台は，キリストを模範として理解する前に，キリストを受け容れ，あなたに神から与えられた，あなた自身のものである賜物や贈り物としてそれを認識することである。したがってキリストを見つめ，耳を傾け，彼が何かを行ない，苦しみに耐えること，したがって，このように行ない，受難に耐えるキリストご自身があなたのものであることを疑わないことである。ただこれに信頼して，あなたが同じキリストのようになり，あなたがそれを行なったかのようになることである。見よ，これこそ福音が正しく認識されることである。これは，かつていかなる預言者，使徒たち，天使もことばでは表現することができなかった。またいかなる心も賛嘆し，理解できなかった神の満ち溢れるばかりの慈しみであり，わたしたちへの神の愛の大いなる炎（das grosse fewr der liebe gottis）である。これにより心と良心は喜び，確実となり，満ち足りる。これがキリスト教信仰が説か

れるということである」[1]。

Das hewbtstuck und grund des Euangelii ist, das du Christum zuuvor, ehe du yhn tzum exempel fassist, auffnehmist unnd erkennist alsz eyn gabe und geschenck, das dyr von gott geben und deyn eygen sey, alszo das, wenn du yhm zusihest odder hörist, das er ettwas thutt odder leydet, das du nit ztweyffellst, er selb Christus mit solchem thun und leyden sey deyn, darauff du dich nit weniger mügist vorlassen, denn alsz hettistu es than. ia alsz werist du der selbige Christus. Sihe, das heyst das Euangelium recht erkennet, das ist, die ubirschwencklich gutte gottis, die keyn prophet, keyn Apostel, keym engel hatt yhe mügen aufzreden, keyn hertz yhe gnugsam vorwundern unnd begreyffen, das ist das grosse fewr der liebe gottis tzu unsz, dauon wirt das hertz unnd gewissen fro, sicher unnd tzufriden, das heyst den Christlichen glawben predigt.

ルターの宗教改革の最初の一歩は直接民衆に福音を告げる「説教の改革」をもって開始された。彼は当時行なわれていた説教について危惧の念を懐いており、その内容がキリストを蔑ろにする作り話、聖人物語や聖人伝説などの「無味乾燥な注釈」から作られていたことを嘆き、民衆のために福音の

---

1) ルター『教会暦説教集』植田・金子訳, 教文館, 16頁。このテキストでは, ①キリストを受容する, ②キリストとなることが強調される。ここでは『キリスト者の自由』のラテン語テキストは「一人のキリストになる」点が強調されている。

純粋な意味を説教すべきことを痛感して，ヴォルムスの国会（1521 年）に召喚される以前から「説教のひな形」を提示する計画に着手し，ヴァルトブルク城の幽閉中も継続され，1522 年に「ヴァルトブルク・ポスティレ」（Wartburgpostille）とか「教会暦ポスティレ」（Kirchenpostille）と呼ばれる『説教集』が出版された。

この説教の特質を説教集に序論として置かれた「福音に何を求め，期待すべきかについての小論」から考察したい。この「小論」には福音の本質的な要点が簡潔に明示される。「福音は神およびダビデの子，死んで，甦り，主になったキリストについての物語，つまり，これが福音の要約の主眼点である」（同 20 頁）と。その内容はこうである。(1) 福音は律法の書ではない。「それゆえ福音書は，本来，わたしたちからわたしたちの行為を要求する，律法や命令の書ではなく，神の約束の書である」（同 17 頁）。(2) 福音の説教とはわたしたちをキリストの許に連れて行くことである。「なぜなら福音を説教することは，キリストがわたしたちのもとに現れて，わたしたちをご自分のもとに連れて行くことにほかならないから」（同 18 頁）。(3) 恩恵の言葉を聞いて信じることが求められ，そこに「喜ばしい交換」が成立する。「キリストがあなたに恩恵を施し，お助けになるのを信じるならば，キリストはあなたのものになり（szo ist Christus deyn），賜物としてあなたに贈られることは確実である」（同 18 頁）。(4) 福音は生きた「語られた言葉」であって，死んだ書物ではない。「福音は本来書物でなく，口頭によって語られた言葉でなければならない」。それゆえ「福音は善い知らせ，善

いお告げと名付けられ，口で表明された」(同20頁)[2]。(5)福音は耳から心に入って，信仰によって心中に住み込まねばならない。そのためには自分の無力を認識し，告白し，自己自身に完全に絶望する心が必要である。

　この点は説教そのものによっても強調される。「見よ，キリストは福音によって耳から心に入り，ここであなたの信仰を通して住み込むのである。そうすれば，あなたの行ないではなく，信仰により心の内に受け入れた客人によって清く，義しくなるのである。これはいかに豊かな，貴重な財であるかを見なさい」(同44頁)。これがキリストが自分の義とは他なる義であるという義認思想の平易な表現である。彼は言う，「福音が現れるとき，キリストをもたらし，キリストはご自身とともにその御霊 (geyst) をもたらす。すると人間は新たにされ，信心深くなる。人間の行なうすべては，善事であり，怠けて日を送らない」(同)。

---

　2)　後年，ルター派の牧師ヴァイゲルは同じことを「人間と書物」において捉え，「人間が書物に先行し，書物は人間に由来する」と説いた。

31
ルターの職業観

「契約をしっかり守り,それに心を向け,自分の務めを果たしながら年老いていけ」(シラ書 11・20)。

これは新共同訳であるが,ルターのドイツ訳聖書(1544 年版)は次のようになっている。

Bleibe in Gottes wort und ubi dich drinnen/ und beharre in deinem Beruff.「神の言葉に留まり,そのうちに身を置き,あなたの天職に固く留まりなさい」。

ルターはこのように世俗の職業に Beruf(召命,天職)を当てている。その訳文の「務め」という語に宗教的な「召命」を意味する訳語を当てたところに彼の職業観が端的に示される。それは世俗の職業を神から与えられた「天職」とみなし,そこに召命されているという宗教的な職業理解である。このような職業観についてはマックス・ヴェーバーの名著『プロテスタンティズムの倫理と資本主義の精神』に詳しく論じられる[1]。彼によるとドイツ語の「職業」(Beruf)には英語の calling と同様に宗教的な,神から授けられた使命と

---

1) マックス・ヴェーバー『プロテスタンティズムの倫理と資本主義の精神』大塚久雄訳,岩波文庫,第一章第三節参照。

いう観念が含まれており，この観念は聖書の翻訳者ルターの精神に由来する。

　職業観の変化は職業を積極的に天職とみる思想のなかに起こってきた。中世においては職業も上下の階層秩序のなかに組み込まれており，「聖なる職業」に従事する聖職者たちによって支配されていた。この「聖職」という言葉に示されているように，それと対立する世俗の職業は低いものとして蔑視された。ところがルターの宗教改革によって世俗から隔離された聖域たる修道院はドイツにおいてほとんど壊滅に瀕し，これによって聖職と世俗の職業との区別が撤廃されるようになった。そして世俗的職業の内部における義務の遂行を道徳の最高内容とみなし，世俗的な日常労働に宗教的意義が認められるようになり，神に喜ばれる生活は各人の世俗的地位から要請される義務を遂行することであると説かれた。

　宗教改革者によって生まれたこの観念には，「世俗的職業の内部における義務の遂行をおよそ道徳的実践のもちうる最高の内容として重視し，世俗的日常労働に宗教的意義を認める思想を生み，また，修道士的禁欲を世俗内道徳よりも高く考えたりしないで，神に喜ばれる生活を営むための手段はただ一つ，各人の生活上の地位から生じる世俗内的義務の遂行であって，これこそが神から与えられた召命（Beruf）にほかならない」[2]という考えが含まれていた。ヴェーバーはルターの職業観を高く評価している。しかしヴェーバーはルターが経済に関する聖書の伝統主義的，現世否定的傾向のゆえに，また過激な革命家やそれに同調した農民との抗争の後，歴史的秩序を肯定する伝統主義に傾斜し，「神への無条

---

2) ヴェーバー，前掲訳書 109-10 頁。

件的服従と所与の環境への無条件的適応とを同一視するにいたった」がゆえに，近代の職業思想を彼に帰することは不可能であり，「結局，彼は宗教的原理と職業労働との結合を根本的に新しい，あるいは何らかの原理的な基礎の上に打ち立てるにはいたらなかった」[3]と判断する。

このようなヴェーバーの解釈には次の二つ疑義が提示されうるであろう。

（1）　世俗労働を隣人愛の外的現われと見たルターには「その基礎づけはおそろしく現実ばなれしたもので，とくに分業は各人を強制して他人のために労働させるということが指摘されていて，有名なアダム・スミスの命題に比べると奇怪なほどの相違を示している」[4]と説かれる。だが，スミスが分業を自己愛にもとづく交換に帰したのに対し，ルターは隣人愛の強制に見ているというのは，皮相な解釈である。自己愛に立つ分業が「見えざる手」により導かれるという楽観的な観念はルターにはない。自己愛は隣人愛と矛盾的に対立し，それは隣人愛を否定する。だから自己愛の否定，つまり現世否定によって初めて隣人愛が確立される。中世においては自己愛の否定が神への愛へ向けられていたのに，近代ではそれは隣人愛に向けられている。

（2）　次に，現世の歴史的秩序の理解に関して，その承認が伝統主義への傾斜を生んでいるとのヴェーバーの見解は問題である。確かにルターが説いた隣人愛の特質は神によって定められている各人の社会的身分や職業に応じて具体的に実践される。その際，ルターでは「諸身分」（Stände）が中

3）　ヴェーバー前掲訳書 122 頁。
4）　ヴェーバー前掲訳書 110-11 頁。

世的伝統的な階級秩序を意味しないで，高低の区別のない，機能的な「職分」(Werk) や「役目」(Amt) となっている。つまり司祭でも役目を離れればひとりの市民や農夫にすぎない。諸秩序は三つに大別されるが，この秩序は神が定めたのであるから，聖なるものであり，すべての身分は等しく，相互に協力しあい，一体となって秩序・法・平和を現世に確立することができる。ルターでは身分や秩序の思想は聖俗を二元的に分ける伝統的秩序から遠くかけ離れており，神の前にすべての身分は同等であるとみなされた。ただ彼は領邦国家の力を借りて教会の秩序を回復せざるを得なかったことから，政治的には保守的にならざるを得なかった。

32
教育改革者ルター

（WA.30,II,531, CL 4,151,40-152,2）

　「神は子供を与え，これに糧を与えたもうが，それは，あなただけが彼らを好きなように扱い，あるいは，この世の華美に向けて教育するためではない。あなたが彼らを神への奉仕（礼拝）へ向けて教育することが，真剣にあなたに命じられているのであって，さもないと，子供やすべてのものと共にあなたは全く根こそぎにされて，あなたが彼らにかけているものは，ことごとく罪に定められてしまうであろう」。

　Er hat die kinder geben, und narung da zu, nicht darumb, das du deine lust an jhnen, solt haben, odder zur welt pracht zihen. Es ist dir ernstlich gepotten, das du sie solt zihen zu Gottes dienst, odder solt mit kind und allem rein aus gewortzelt werden, das alles verdampt sey, was du an sie legest.

　ルターは宗教改革者であるばかりか，大学のみならず初等教育でも改革者であった。このテキストは『子どもに就学を勧める説教』の序文にあるもので，教育の目的を「神への奉

仕」つまり「礼拝」と規定し，霊的な職務も現世的な職務もすべてこの唯一の目的のためにあると説いた。彼は次のように教育の目的を語り，この論文の終わりで神学者ルターの本来の教育思想を述べている。

それは「神が教育を創造する主体である」という主張である。つまり神が無から万物を創造したもうたように，神学者も法律家もその他有益な職務についている人たちはすべて学校で教育を受けて神の手により育てられたのであると彼は主張する。「わたしたちは神がすばらしい主であられることを知るべきである。神のみ手のわざは，無からすべてのものをお造りになるのと全く同様に，乞食をも君侯にしてしまうようなものである」(ibid.,575)。

彼によると法律家，博士，顧問官，書記官，説教者はたいていかつては貧しい生徒だったが，ペンによって現在の地位を得て，主人となり統治のわざに携わっている。教皇もかつて生徒だったのであり，一片のパンのために家々の戸口で歌をうたう子供たちの中にも将来の君侯がおられるのだから，子供たちを見くだしたりしてはいけない，と彼は語った。さらに自分自身のことを回想して次のように述べている。

> 「わたしもそのような生徒のひとりで，家々の前でパンをもらったものだ。とりわけ，わたしの好きな町アイゼハナでそうしたものだった。もっとも，後になっては，わたしの父が愛と誠実のありったけをこめてわたしをエアフルト大学にやり，辛い汗と労苦とによってわたしを助けて，わたしが今日あるにまで至らせてくれたのである。だが，ともかくわたしはそのような生徒だったし，……ペンによってここまでやってきたので，今ではトル

コ皇帝と取り替って、わたしの知識を捨てて、彼の財産をもらおうなどとは全く思わない。いや、わたしは、わたしの知識の代わりに、世界中の宝を何層倍にして積まれてもこれをもらおうなどとは思わない。もしわたしが学校に行かず、物を書く仕事につかなかったならば、ここまで至らなかったことは、疑いもないところである」（WA.30,II,576f. 徳善義和訳、以下同じ）。

このように述べてからルターは子供たちを学校に送るように勧告している。そこには神が創造主として子供たちを育成しているとの信仰が次のように表明されている。

「それだから、あなたの息子を安心して学ばせるがよい。たとえ彼がしばらくの間はパンを乞うて歩かねばならなくても、あなたはわたしたちの主なる神にすばらしい木片を差し出して、神があなたのためにそこからすばらしい主君を彫り出してくださることができるようにするのである」（ibid.,577）。

ルターの教育思想はこの論文では「神への奉仕」を目的とし、そこまで子供たちを導き治めることに主眼点が置かれた。この神への奉仕は霊的統治と現世的統治に職務が分かれて実行されるものであった。教育はこの職務に向けて子供たちを育成することであったが、育成する主体は教師を道具として働く神のわざであることが最後に明白に語られている。この論文は人々にその子供たちを就学させるように勧告するものであるから、教育の積極的意義について論じ、もし神学者や法律家がいないとしたらどうなるか、神の言が消え悪魔

だけがはびこり，平和が失われて法を踏みにじる野獣だけが残ったとしたら，どんなに富があっても何の役にも立たないではないか，と彼はきびしく人々に迫った。しかし彼は教育を万能とは考えていない。教育の可能性は人間の手のうちにはない。創造主なる神の全能のなかに教育の最後の拠り所がある。

ルターによると教育とは神の不思議なわざである。人間自身は単なる素材であり，神が人間に働きかけて，神の像を造りだすそのわざに参加すること，つまり神の創造行為に参加することこそ教育の真の使命なのである。彼は説教の務めのほかには学校の教師になりたいと言う。そして実りの少ない説教よりも学校教育のほうが期待できるとも言う。

「若木ならば，たとえだれかがそこに割り込んできたとしても，よりよく曲げたり，教育したりすることができる。他人の子供を誠実に教育するということは，地上における最高の徳の一つであるとしなさい。このことを，自分の子供にだって，ほとんど，あるいは全く，だれもしないのだからである」(ibid.,580)。

この奨励と激励の言葉によって彼が如何に多く少年教育へ期待していたかが判明する。

33
試練による神の教育

（WA.7,546,24-28）

　「神また神の言葉は，聖霊から直接これを受けるのでなければ，誰も正しく理解することはできない。しかし，これを聖霊から受けることは，これを経験し，試み，感得するのでないなら，誰にもできはしない。この経験において聖霊は聖霊自身の学校におけるごとく教育したもう」。

　Denn es mag niemant got nach gottes wort recht vorstehen, er habs denn on mittel von dem heyligen geyst. Niemant kansz aber von dem heiligenn geist habenn, er erfaresz, vorsuchs und empfinds denn, unnd yn der selben erfarung leret der heylig geyst alsz ynn seiner eygenen schule.

　突然，しかも理由なしに人間に襲いかかって，絶望に追いやる試練を克服する道は，人間には不可能であっても，そこには神が授けたもう可能性，つまり聖霊のわざによる神的可能性があって，それが信仰により把捉される。聖霊は神の言葉を内的にわたしたちに教え，わたしたちを神に向け変える

神の力である。「御言葉は使徒の口から出て、聞く者の心に達する。そこに聖霊がいて、開かれうるように心に御言葉を刻み込む。このように説教者はすべて形を造りだす芸術家である」（WA.40,I,649）といわれている。この聖霊による神の教育について『マグニフィカト』（1521-22）の「緒言ならびに序説」に注目してみよう。上記の引用文は聖霊自身が授ける学校教育について語っている。では、聖霊の授ける教育内容は何であろうか。マリアは聖霊から次のように教えられるとルターはいう。

「聖霊は彼女を教育して、神は、ただ卑い者を高くし、高い者を卑くし、短くいえば、成されたものを毀ち、毀たれたものを成すことのほか何事も創造したまわない主であられるという技術と知恵とを豊かに与えたもう」（WA.7,546,31-34）。

聖霊の経験は神の認識を授けるが、その認識は単なる知的教育からではなく、試練を通して神が無から有を造りたもう創造主であることを知る主体的体験から成り立っている。だから神が底深いところを顧み、貧しい者、悔られた者、惨めな者、悩む者、見棄てられた者、全く無きに等しい者を助けることが経験されるとき、そこに聖霊がいて、豊かに溢れる知識と歓喜とをこの経験の只中に教えるのである。

「このゆえに神はまた死をわたしたちすべての上に課し、キリストの十字架を数限りない苦難と困窮とともに自らの最愛の子なるキリスト信徒にも与えたもうが、いな、時には彼らを罪に陥らせもしたもうが、それは神が底深

いところを多く顧み，多くの者を助け，多くのわざをなし，自分が真正の創造者であることを示し，こうして人々が神ご自身を知り，愛し，讃美するようになしたもうためである」(WA.7,548,12-16)。

それゆえ聖霊の授ける教育とは神が創造主なる御霊として活動し，さまざまな試練という否定的な経験のなかにあって，否定を肯定へと新しく創造的に転換させることである。「したがって，このように深いところの窮迫と苦悩とをみたもう御顧みは，ただ神のなしたもうところであって，神は底深いところにいる者の近くにいます。そしてこの源泉から今や神への愛と讃美とが湧きでるのである」(WA.7,547,33-34.)。だから試練それ自体に意味があるのではなく，試練を通して何を学ぶのかということの方がはるかに重要である。実際，各人には各様の試練が与えられている。というのも各人はそれぞれに課せられた重荷を負うており，試練のない人生など考えられないからであって，問題は試練によって何を各人は学ぶのかである。つまり人生の受けとめ方が教育の最大問題であり，これを聖霊が内的に各人に教えるとルターは考える。だから彼は「苦難」(Leiden)を「喜ばしい受動的経験」(ein frohliche leyde)と呼ぶ。この経験のなかでは人間の側の無なる様・卑賤・微小・無功績・無価値と神の栄誉・尊貴・偉大・慈愛・恩恵とが，つまり相矛盾する二つの存在が一つに落ち合い，無から有を創造する神のわざが生じている。

ルターはこの聖霊の教育という思想から神の教育について語るようになった。この教育は人間や自然によるものではなく，自己を超えた神の教育であることを彼は次のように述べ

ている。「あなたを教育して歩むべき道を示そうとする者は，〈あなた〉ではない。すなわち人間ではなく，被造物でもなくて，むしろ〈わたし〉自身である。あなたが導かれて行くところは，あなたの選ぶわざでも，あなたが考えだした苦難でもなく，むしろあなたの選択と思考と欲求に反して生じるものである。そのとき，わたしは叫ぶ，〈そこにわたしの弟子がいる〉と」(WA.1,172,2-6)。それゆえ「試練を何ももっていないことが最大の試練であり，神が怒りたまわないときこそ，神が最大に怒っていたもう」(WA.3,420,16-18) と彼は言う。試練はわたしたちの人生に対する願望と正反対の事態としてわたしたちに襲いかかって来る。このような経験を通してはじめて，人間のものではない神の教育が始まるのである。このような試練の教育によって人間の勝手な幻想が根底から取り去られ，人生をもう一度神の視点から親しく学び直すことが始まる。「試練を受けたことのない人は，いったい何を知っているというのか。経験により試練の本性を認識していない者は……危険なことに自己の幻想を伝達している」(WA.4,95,7-9)。

34

親鸞とルター

――東西恩寵宗教の比較考察――

（WA40, Ⅱ, 380,20-30）

「ダビデは何らかの行為についてではなく，〔人間を形づくる〕質料について単純に語って言う，〈そこからわたしが形成された質料である人間の種子は悪徳と罪によって全体的に腐敗した。質料自体が悪化しており，そこからわたしがこの器として造られ始めた泥土はいわば断罪すべきものである。それに優るどんなできばえをあなたは欲するのか。わたしはそのようなものであり，人間はすべてそのようなものである。わたしたちが誕生し人間となり始めるに先立って，わたしたちの懐妊自身と母の胎における胎児の発育そのものが，罪である〉と。……彼は，未発達の種子そのものについて語っており，それが罪に染まっていて壊敗のかたまりであると告げる」[1]。

Non enim de operibus quibusdam, sed de materia simpliciter loquitur et dicit : Semen humanum, massa illa, ex qua formatus sum, tota est vicio seu peecato corrupta. Materia ipsa est viciata, lutum illud, ut sic

---

1) ルター『主よ，憐れみたまえ―詩編五一編の講解』金子晴勇訳，教文館，100頁。

dicam, ex quo hoc vasculum fingi coepit, damnabile est. ……de ipso rudi semine loquitur et pronunciat id peccato plenum et massam perditionis esse,

　親鸞とルターの間には300年の隔たりがあるが、多くの学者が認めるように、ともに恩寵の宗教を説いている点で著しい共通点がある。『歎異抄』のなかで親鸞が自分のことを「罪悪深重(ざいあくじんじゅう)、煩悩熾盛(ぼんのうしじょう)の衆生」(第1条)と言うとき、彼が考えているのは個別的な自己の行為ではなく、自己のあり方とその自覚であった。そこから「弥陀の五劫思惟の願をよくよく案ずれば、ひとえに親鸞一人(いちにん)がためなりけり」と告白する。これは「総結」に記されている親鸞の絶えず口にしていた言葉であり、「親鸞一人」に端的に現われている宗教性に注目したい。阿弥陀仏が法蔵菩薩として修業中、衆生救済のために四八願を立てたが、その前に五劫の長きに亙って思案に思案を重ねて誓われた本願はよくよく考えてみると自分一人のためであった、と語られている。この「私のため」(pro me)という自覚の次元が宗教的な霊性を生み出している。

　同様にルターも上記のテキストで悪人の罪を語るとき、とりわけ原罪について言及する場合には、個別的な悪行については考えずに、人間存在の全体のことを考えていた。それは自覚という次元での人間の自己理解である。したがって彼は個々の実行罪と原罪とを区別する。この原罪観を通してルターと親鸞との関連を考察してみたい。

　ルターが説く原罪は、個別的な実行罪ではなく、全体的な人間存在にかかわる根源的な欠陥である。それは「傷」を受けた本性である。本性の損傷は神に対する転倒した恐れと愛

を生む。「この神の怒りはわたしたちの罪が神に知られていることから生じる。これらの罪と神の怒りの原因は、この肉が楽園においてアダムの転落によって損傷されたため、神に対する転倒した恐れと愛、また自己自身に対してもそれをもつようになった点に求められうる」(同書104頁)。

ところでルターは修学時代にスコラ神学を学び、それとの苦闘を通して救済の経験に到達した。その際、彼を支えたのは聖書とアウグスティヌスであった。親鸞も「南都北嶺にもゆゆしき学生(がくしょう)たち多く座(おわ)せられて候なれば」とあるように、比叡山にて仏典の研究に従事したが、『観無量寿経』と法然によって救いを把握した。「親鸞におきては、ただ念仏して弥陀にたすけられ参らすべしと、よき人の仰せを蒙(かぶ)りて、信ずるほかに別の子細なきなり」(第2条)。

両者の思想はともに「専心念仏」と「信仰のみによる」(sola fide)の主張に結実する。親鸞の念仏が徹底していたということは、空念仏をとなえるのではなく、念仏が生活の全体に貫かれるためである。彼は今までの清浄な生活に甘んじないで、人間の一般的生活の全体の上に念仏を活動させるために、「肉食妻帯」を決断した。聖道門と浄土門との相異は妻帯か否かではなく、生活の全体において仏の恩を感じ、大地にまで信仰を降ろして根付かせるためであった。同様にルターも誓願を立てた修道士の聖性を無益なものとして退け、あえて結婚に踏み切った。

さらに親鸞の思想を特徴づける悪人正機説は逆説的であるが、ルターの神学も「逆説的神学」と呼ばれる。親鸞の説はこうである。「善人なをもて往生をとぐ、いはんや悪人をや。しかるを、世のひとつねにいはく、悪人なをもて往生す、いかにいはんや善人をやと。この条、一旦そのいはれあるにに

たれども、本願他力の意趣にそむけり」(第3条)。この悪人正機説は霊性的思考である。そこには因果応報的思考は否定されて、悪なるがゆえに善が報いられるという「逆対応」の関係に立っている。

　こうした共通点にもかかわらず、たとえ救い主「キリスト」と「阿弥陀」や「法蔵菩薩」とが同じく救済者であっても、イエスの歴史的実在と人格的関係において相違が際だってくる。キリスト教では聖者イエスとの時空を超えた人格的な触れ合いによって聖なるものが感得されるのに対し、仏教では悟りが中心であるため知的な直観によって自然を超えた聖なる法を捉えることがめざされる。

35
ルターと内村鑑三

「殊に私自身に取りましては,ルーテルは深い直接の関係ある者であります,私に取りましてはルーテルは歴史的人物ではありません,個人的友人であります,主イエスキリストを除いて私の心に最も近い者は使徒パウロと聖アウガスチンとルーテルとであります,是等の三人が無くして私は今日あるを得ませんでした,私の霊の生涯は彼等に倣って始つた者であります,殊に三人の中でルーテルは時代的に最も近い者でありますが故に,私は彼に対し特別の親密を感ずるのであります」[1]。

内村はこのようにルターに対する愛着が強烈であり,ルター自身が彼の生涯の転機にたえず身近に立っていると感じられた。アマスト大学での回心の際にも,再臨運動の開始のときにも,ルターが信仰の決断に先がけている。ルターとの共同の意識から彼は自己の道を切り拓いていったといえよ

---

1) 内村鑑三『ルーテル伝講演集』(内村全集第17巻) 岩波書店, 11頁。

う。

　内村鑑三の『ルーテル伝講演集』はヴォルムスの国会四百年記念として 1921 年 6 月に刊行された[2]。彼がルターについて論じ始めた頃，ドイツにおいてもルターに対する学問的研究と信仰的関心が高まっていたが，彼は第一次世界大戦に際し激烈となったドイツ批判に対し，ルターを弁護する意図が働いていた（「ルーテルの為に弁ず」を参照）。

　さらに内村は自分が「ルーテル信者」であるとまで言う。その理由として「ルーテルに由て余輩はキリストを発見することが出来たからである，……ルーテルは余輩に信仰の絶対的価値を教へて呉れたからである」（同上 80 頁）と述べている。内村のルターに対するこのような関係は，彼の信仰のみならず，キリスト論，信仰論，教会論にも反映している。そこで彼が『ルーテル伝講演集』で刻んだルター像の特質を明らかにしてみたい。

　内村のルター像はまさに内村の信仰なしには捉ええない特質をしめす。それは学問的なルター研究者のそれとは比較すべきものではない。その特質をいくつかあげてみよう。

　（1）　内村はルターを「信仰の英雄」として把握する。彼は言う，「人類の歴史は英雄・伝記であると言ひます，然し，深く之を究めますれば人類の歴史は神の行為の記録であります」（同 26 頁）と。つまり，「英雄の伝記」の奥底には神の

---

　[2]　この著作は「ルーテル伝講話」と「ルーテル論叢」から成り，前者が 1910 年に七回にわたり講演され，後者は 1917 年に発表されたものである。1917 年という年にはドイツにおいてもルターに関する注目すべき著作が刊行された。すなわちオットー・シェールの大作『マルティン・ルター——カトリック主義から宗教改革へ』二巻とカール・ホルの有名な講演「ルターは宗教において何を理解したか」が宗教改革記念日に行なわれ，刊行された。こうしてルター・ルネサンスが開始された。

摂理が働いており，ルターの宗教改革もこの観点から解釈する。たとえばルターの「改信」について次のように語っている。「彼が欧洲を一変したその理由は彼の学問や人格に於て在ったのではない，彼に〈或者〉が入ったからである，而してその結果として彼が神に就き人生に就いて見る所が一変したからである」（同 36, 37 頁）。このように彼はルターの偉大さを現世の尺度で見ないで，信仰の内にルターの偉大さ，その使命による偉大さを見ている。

（2）　次に内村はルターのなかに「良心の人」を終始一貫して見ている。「ルーテルはエルフルト大学の卒業生であった，然し彼は所謂学問の人ではなかった，彼は鋭い良心の人であった，……如何にして清き良心を以て神の前に立たん乎，是れが幼時より彼を苦しめた問題であった」（同 37 頁）。それゆえ「16 世紀の大改革は文学者に由て起されし思想の改革ではない，信仰に由て興されし良心の改革である」（同 98 頁）と説かれた[3]。

（3）　最後に内村によるルター批判をあげよう。ルターが国家の保護の下に教会を再建したことに関して，「此世の王公貴族をして宗教事業に携はらしめてルーテルは四百年後の今日まで拭ひ難き大なる害毒を遺したのである」（同 102 頁）と彼は言い，聖書を重んじるあまり聖書崇拝に陥り，聖書によって自由を獲るも，同じ聖書で他人を縛ったと批判し，信仰があっても愛のない宗教改革を論難する。したがって「ルーテルの行ひし以上の改革を要するのである，信仰の上に愛を加ふる改革を要するのである。ガラテヤ書ならでヨ

3）　内村がこのように「宗教改革の精神」と題する講演で語った，その同じ日にカール・ホルはドイツで前述の講演をなし，ルターの宗教を「良心宗教」と規定し，新しいルター解釈を提起している。

ハネ書に由る改革を要するのである。勿論信仰抜きの改革ではない，信仰を経過して然る後に愛に到達せる改革である，ルーテルの改革を改革する改革である，我等はルーテル以上の改革者たるべきである」（同 113 頁）と語って「第二の宗教改革」を日本に起こそうと呼びかけている。たしかに「信仰によるのみ」という主張は宗教改革の原理であり，愛を退けている。しかし義認と聖化，信仰と倫理について，とりわけ職業のような社会的実践について述べたように，信仰から生まれた愛がいかに偉大な改革を引き起こしたかについて疑問の余地はない。この点が看過されているのはきわめて残念である。総じてルターの文書を終わりまで読めば信仰とともに愛が強調されていることが直ちに判明する。

あ と が き

　わたしが最初にルターの書物に触れたのは高校生の頃で，まず岩波文庫の石原謙訳『キリスト者の自由』を繰り返し読んだものだった。その頃は戦後間もなかったが，昭和 23 年には藤田孫太郎訳『ルター選集』第一巻が出版され，郷里の教会の読書会で輪読することになり，『九五箇条の堤題』を含む初期の作品を勉強した。大学に入って暫く経った頃，福山四郎訳『大教理問答書』が出版され，この書によってわたしはルターの魅力に取り憑かれてしまった。そいうこともあってカルヴァー版の『ドイツ語著作集』(全六巻) やフィッカー版『ローマ書講義』を入手し，やっとラテン語を学びはじめたばかりなのに，ルターを研究してみたいと願うようになった。しかし，それを指導してくれる方がおられなかったので，ルターの研究は一時断念し，アウグスティヌスの研究にわたしは入っていかざるをえなかった。そんなわけでルターを本格的に研究すべく着手したのは大学院の博士課程に進学してからであった。だが，この回り道は意外な結果をもたらし，わたしは図らずもアウグスティヌスとルターという偉大な思想家を比較しながら宗教や哲学を考えるようになった。このような比較考察によって判明したのは，ルターがアウグスティヌスから圧倒的影響を受けながらも，彼独自の思想を展開している事実であった。先達の思想を伝統として受容しながらも，自己の信仰経験の中から新しい思想を創造し

ていったことが、ルターの思想にその広がりや深さと同時に独自性を与えることになった。このような事態が今日のわたしたちにも起こらないかぎり、先人の伝統は無意義なものとなるであろう。文化の伝統は受容する者の態度によって生かされもするが、死滅もするからである。

　そこでわたしはルターの生涯と思想の中で受け継ぐべき独自な思想的な伝統を知的な遺産として明らかにしておきたい。その際、彼が特定な歴史的な状況の中で語った独自な言葉を手がかりとした。テキストの言葉は単に原語から忠実に訳されればよいというのではなく、与えられた歴史的状況と語っている著者の精神的状況を考慮して、そのコンテキストから解釈されなければならない。そこでルターの重要な発言を列挙するだけでなく、同時に解説によってその発言の意味するところを簡潔に示唆しておいた。実際、彼の発言で特に留意すべき特質は何よりもまず宗教的な「成熟」を示していることである。この点は歴史的に考察すると明瞭になることであり、古代末期から中世を通してキリスト教はギリシア哲学を受容して思想体系を構築してきたが、ルターにおいて再び哲学から離れて、宗教自体の成熟に近づくのである。アウグスティヌスが宗教生活の出発点を「幸福」に置き、青年らしい情熱を示したのに、中世の哲学と神学は学問の完成と完徳の道を歩む壮年のわざに励んで来た。それに対しルターは絶望の不安におののく良心の「慰め」を渇望したのであった。彼の宗教は傷める心を癒す「慰め」を初めから終りまで追求している。彼には理性と感性との内心の分裂も、女性に対する悩みも、仕事への熱中もなく、「神の前に立つ良心」の苦悩と絶望した生の再生だけがめざされている。ここに彼の成熟した宗教性がある。それゆえ、そこにはさまざまな人

あ と が き

生経験を通して初めて理解できる成熟した思想があって，これを十全に理解するのはそれほど容易なことではない。

　本書ではルターの言葉が最初はその生涯の重要な出来事から選抜され，その後も彼の思想的な発展を考慮して取りあげられているが，わたしが付した解説を通して彼の発言の真意が少しでも正しく理解されるように願っている。

　出版に当たっては今回も知泉書館社長の小山光夫氏からいつもと同様に親切な激励を受けたことに対して衷心より感謝申し上げたい。

2013 年 8 月 7 日

金 子　晴 勇

本書で使用した文献：原典の全集と著作集および邦訳

原典の全集と著作集

Martin Luther, Martin Luthers Werke, Kritische Gesamtausgabe, 1883ff.（略記号 WA.）

――, Luthers Werke in Auswahl, hrsg. v. Otto Clemen, 1950, 8 Bde.（略記号 CL.）

――, Ausgewahlte Werke, 1930 (Calwer Ausgabe) 6 Bde.

邦　訳

『ルター』松田智雄編「世界の名著」18，中央公論社，1969 年

ルター著作集　第一集　ルターの諸著作　第 1 巻～第 10 巻，聖文舎

ルター著作集　第二集　ルターの聖書講解　第 3 巻～第 12 巻，聖文舎，リトン

『ルター著作選集』ルター研究所編，教文館，2005 年

ルター『卓上語録』植田兼義訳，教文館，2003 年

ルター『生と死の講話――詩編 90 編の講解，死への準備についての説教』金子晴勇訳，知泉書館，2007 年

ルター『主よ，あわれみたまえ――詩編 51 編の講解』金子晴勇訳，教文館，2008 年

ルター『心から出た美しい言葉――詩編 45 編の講解』金子晴勇訳，教文館，2010 年

ルター『神学討論集』金子晴勇編訳，教文館，2010 年

ルター『教会歴説教集』植田兼義，金子晴勇訳，教文館，2011 年

「解説」を書くにあたって使用した自著一覧

1 「われ，ここに，立つ」 (『ルターの人間学』創文社, 195-200 頁)
2 「わたしは修道士になります」 (前掲書, 243-245 頁)
3 塔の体験と認識の開眼 (前掲書, 246-248 頁)
4 免罪符と改革の開始 (『ルター神学討論集』教文館, 75-100 頁)
5 新しい神学の提示 (前掲書, 77-79 頁)
6 ハイデルベルク討論 (前掲書, 101-160 頁)
7 ヴァルトブルク城での仕事 (『教育改革者ルター』教文館, 56-57 頁)
8 自由意志論争 (『ルター神学討論集』176-181 頁)
10 最後の言葉「神の乞食」 (『ルターの霊性思想』教文館, 255-270 頁)
11 義人にして同時に罪人 (『ルターの人間学』133-164 頁)
12 思想世界の構造 (前掲書, 415-421 頁)
13 キリスト者の自由の真義 (『近代的自由の源流』創文社, 7-9 頁。『ルターを学ぶ人のために』世界思想社, 169-172)
14 スコラ神学との対決と超克 (前掲書, 203-243 頁)
15 思弁的神秘主義との対決 (『ルターとドイツ神秘主義』創文社, 36-44 頁)
16 キリスト神秘主義の確立 (前掲書, 283-304 頁)
17 信仰義認論 (『ルターの宗教思想』キリスト教団出版局, 64-94 頁)
18 義認と聖化の問題 (『ルターの霊性思想』207-225 頁)
19 憂愁と悲嘆の意義 (『ルターの宗教思想』37-63 頁)
20 神学の方法 (『ルターとドイツ神秘主義』307-311 頁)
21 人間学の三分法 (『ルターの霊性思想』135-144 頁)
22 宗教心としての霊性 (『ルターとドイツ神秘主義』321-324 頁)
23 「超過」の霊性論理 (『ルターの霊性思想』158-166 頁)
24 無から創造する神 (『ルターとドイツ神秘主義』180-194 頁)
25 神学における人間学の意義 (「ルターにおける神と人との認識」『ルターと宗教改革』第5号, 2007年, 日本ルター学会編, 1-11 頁)
26 生と死について (『ルターの宗教思想』130-149 頁)
27 キリストの花嫁としての教会 (『心からわき出た美しい言葉』教文館, 219-233 頁)
28 神とサタン (『ルターの宗教思想』114-129 頁)
29 「神に逆らって神に逃れる」 (『ルターの人間学』318-321 頁)

30 宗教改革と説教 (「『ルター教会暦説教』の研究」『ルターと宗教改革』前出,第6号,2008-2011年,39-50頁)
31 ルターの職業観 (「職業と社会」『ルターを学ぶ人のために』178-191頁)
32 教育改革 (『教育改革者ルター』125-129頁)
33 試練による神の教育 (前掲書,268-291頁)
34 親鸞とルター (『ルターの霊性思想』304-311頁)

ルターの略年譜

西暦/年齢	ルターの活動	関連事項
1483/0	ドイツのザクセン選帝侯領マンスフェルト伯領内のアイスレーベンに生まれる（11月10日）	
1484/1	銅精錬業の中心地マンスフェルトに居住（1484年以降）	
1485/2		ヘンリ7世即位（-1509）．テューダー王朝の開始
1486/3		ザクセン選帝侯フリードリヒ賢公即位（-1525）
1488/5	マンスフェルトのラテン語学校入学	メランヒトン生まる
1497/14	マグデブルクの学校入学「新しい敬虔」に接する	
1498/15	アイゼナハの聖ゲオルク教区学校入学	
1501/18	エアフルト大学人文学部入学	
1502/19	学士（9月）	
1504/21		イギリス王子アーサーとスペイン王女カサリンの結婚 エラスムス『エンキリディオン』出版
1505/22	文学修士の学位取得（2月） 法学部に進学 シュトッテルンハイム近郊で落雷に会い，誓願（7月2日） エアフルトのアウグスティヌス隠修士会の修道院に入る（7月17日）	
1506/23	誓願式	ツヴィングリ牧師になる聖ピエトロ大寺院の建設開始
1507/24	エアフルト大聖堂で聖職授与式（4月4日）修道院内聖堂で司祭初ミサを行なう（5月2日）	
1508/25	ヴィッテンベルク大学人文学部でアリストテレスを講じる	ヘンリ八世即位．カルヴァン生まれる．エラスムス『痴愚神礼讃』出版

149

ルターの知的遺産

1509/26	ローマ旅行	
1510-11/27-28	エアフルトに帰任．ロンバルドゥス『命題集』を講じるヴィッテンベルクへ移る	第五ラテラノ公会議
1512/29	神学博士の学位取得（10月26日）．聖書学の講義を開始する　詩編1513-15/ ローマ書1515-16/ ガラテヤ書1516/ ヘブライ書1517	
1513/30		教皇レオ10世即位（-1521）
1514/31	『スコラ神学を反駁する討論』（97箇条の提題）	
1515/32		贖宥状の販売ドイツで始まるフランソワ1世即位（-1547）
1517/34	『贖宥の効力を明らかにするための討論』（95箇条の提題，10月31日）	
1518/35	『ハイデルベルク討論』（討論会のための提題，4月26日）カエタヌスによるルターの審問（アウグスブルクのフッガー邸にて）（10月12-14日）	メランヒトン，ヴィッテンベルク大学赴任ツヴィングリ，チューリヒ大聖堂付牧師となる
1519/36	ミルティッツとの会談（1月）ライプチッヒ討論会（6月27-7月10日）	スペイン国王カルロス1世，神聖ローマ帝国皇帝カール5世（-1556）となる（6月）
1520/37	破門脅迫大教書『主よ，立ちて』の発令，ルターの四一命題に有罪判決．三大宗教改革論文の発表『キリスト教界の改善についてドイツ国民のキリスト教貴族に与う』（8月中旬）『教会のバビロン捕囚』（8月下旬）『キリスト者の自由』（11月中旬）ヴィッテンベルクのエルスター門広場で教皇の破門脅迫大教書を焼く	騎士の乱（-1523）ヘンリー8世『七つのサクラメントの確立』によりルターを批判し，「信仰の擁護者」の称号を教皇より受ける．ルター帝国アハト刑の宣告（ヴォルムス勅令），メランヒトン『神学の主要概念』，教皇レオ10世死去（12月1日）

ルターの略年譜

1521/38	破門状『ローマ教皇にふさわしく』（1月3日） ヴォルムス国会へ召喚（4月16日）国会討論（4月17-18日） ヴォルムス勅令（5月26日） ヴァルトブルク城にて新約聖書の翻訳 『マダニフィカト（マリアの讃歌）』『修道誓願について』	
1522/39	新約聖書のドイツ語訳完成（2月）ヴィッテンベルクへ帰還（3月） ヴィッテンベルク騒動を鎮める ドイツ語聖書出版（九月聖書）9月 ドイツ語聖書第二版（一二月聖書）12月	ニュルンベルク国会 カール5世，フランスの勢力をミラノから追い出す トルコ軍ハンガリー侵攻
1523/40	『この世の権威について，人はどの程度まで，これに対して服従の義務があるか』（3月） 『教会における礼拝の順序について』（4月）	プロイセンのケーニヒスベルクで福音主義の実行．教皇クレメンス7世即位（-1534）
1524/41	『ドイツ全市の参事会員にあてて，キリスト教的学校を設立し，維持すべきこと』（1月） アウグスティヌス隠修士会の修道士としての服を脱ぐ（10月9日） 『天来の予言者らを駁す，聖像とサクラメントについて』（12月）	エラスムス『評論・自由意志』 ドイツ農民戦争起こる

ルターの知的遺産

1525/42	『シュワーベン農民の 12 カ条に対して平和を勧告する』（5 月 9 日） 『盗み殺す農民暴徒に対して』（5 月） カタリナ・フォン・ボラと結婚（6 月 13 日） 『農民に対する苛酷な小著についての手紙』（7 月） 『ドイツ・ミサと礼拝の順序』（12 月）『奴隷意志論』	アウグスブルク国会 トマス・ミュンツァー処刑（5 月） デサウ同盟（7 月） パヴィアの戦いでフランスはドイツ・スペイン連合軍に敗れ，フランソワ 1 世幽囚
1526/43		第 1 回シュパイエル国会，宗教改革に自由を与える
1527/44		福音主義による最初の大学マールブルク大学創設
1528/45	『ザクセン選帝侯領内の牧師たちに対する巡察指導への序言』（3 月）教会巡察旅行に参加	ベルンの宗教改革
1529/46	『大教理問答書』（4 月） 『一般の牧師　説教者のための小事理問答書』（5 月 16 日） シュヴァーバッハ条項（福音主義の信仰告白） マールブルク会談（10 月 1-4 日）	第 2 回シュパイエル国会，福音主義等族の抗議と控訴「プロテスタティオ」の据出（4 月） トマス・モア大法官となる（-1532） 宗教改革議会召集（11 月-1536 年 4 月）
1530/47	マールブルク城へ（4 月 16 日-10 月 13 日） 『人々は子供たちを学校へ送るべきであるという説教』	アウグスブルク国会，『アウグスブルク信仰告白』の朗読，和解交渉の失敗
1531/48	大ガラテヤ書講義	シュマルカルデン同盟の創設，チューリヒの敗北
1534/51	聖書のドイツ語訳完成	教皇クレメンス 5 世死去 アンハルト，ポメルン，ヴュルテンベルクの宗教改革
1535/52	神学部長 創世記講義の開始（1535-45）	トマス・モア処刑（7 月） カルヴァン『キリスト教綱要』（初版）

ルターの略年譜

1536/53	ヴィッテンベルク一致信条	カルヴァン，ジュネーブ改革事業に着手（-1538）
1537/54	シュマルカルデン会議（1月21日-3月14日）におもむき，『シュマルカルデン条項』を起草	デンマーク戦争『ジュネーブ信仰告白』
1538/55		ニュルンベルクにおけるカトリック諸侯同盟成立
1539/56	『公会議と教会について』（3月）『ヴィッテンベルク，ルター全集』第1巻の序文（9月）	フランクフルト休戦公会議延期ザクセン公国とブランデンブルク選帝侯国の宗教改革
1543/60	病気	
1545/62	ラテン語著作集の初版出版序文を付す	トリエントの公会議（-1563）カール，トルコと休戦
1546/63	マンスフェルト伯の相続問題調停のためアイスレーベンに旅立ち，2月18日アイゼナハで死去	シュマルカルデン戦争（1546-47）

金子 晴勇（かねこ・はるお）

昭和7年静岡県に生まれる。昭和37年京都大学大学院文学研究科博士課程修了。聖学院大学総合研究所名誉教授，岡山大学名誉教授，文学博士（京都大学）
〔著訳書〕『愛の思想史』『ヨーロッパの人間像』『人間学講義』『ヨーロッパ人間学の歴史』『現代ヨーロッパの人間学』『エラスムスの人間学』『アウグスティヌスの知恵』『アウグスティヌスとその時代』『アウグスティヌスの恩恵論』ルター『生と死の講話』（以上，知泉書館），『ルターの人間学』『アウグスティヌスの人間学』『マックス・シェーラーの人間学』『近代自由思想の源流』『ルターとドイツ神秘主義』『倫理学講義』『人間学―歴史と射程』（編著）（以上，創文社），『宗教改革の精神』（講談社学術文庫），『近代人の宿命とキリスト教』（聖学院大学出版会），『キリスト教霊性思想史』，アウグスティヌス『ペラギウス派駁論集Ⅰ－Ⅳ』『ドナティスト駁論集』『キリスト教神秘主義著作集2 ベルナール』（以上，教文館）ほか

〔ルターの知的遺産〕　　　　　　　　ISBN978-4-86285-162-8

2013年 9月25日　第1刷印刷
2013年 9月30日　第1刷発行

著　者　金　子　晴　勇

発行者　小　山　光　夫

製　版　ジャット

発行所　〒113-0033 東京都文京区本郷1-13-2
電話03(3814)6161 振替00120-6-117170
http://www.chisen.co.jp
株式会社　知泉書館

Printed in Japan　　　　　　　　印刷・製本／藤原印刷